Beobachten
Verstehen
Verändern

Uwe Sachs | Bernhard Weidinger

Beobachten
Verstehen
Verändern

Konventionelle und analoge Interventionen

Uwe Sachs | Bernhard Weidinger

Impressum

Alle Rechte, insbesondere das Recht der Vervielfältigung und Verbreitung sowie der Übersetzung, vorbehalten. Kein Teil des Werkes darf in irgendeiner Form (durch Photokopie, Mikrofilm oder ein anderes Verfahren) ohne schriftliche Genehmigung des Verlags reproduziert werden oder unter Verwendung elektronischer Systeme gespeichert, verarbeitet, vervielfältigt oder verbreitet werden.

Die Autoren haben dieses Werk mit höchster Sorgfalt erstellt. Dennoch ist eine Haftung des Verlags oder der Autoren ausgeschlossen. Die im Buch wiedergegebenen Aussagen spiegeln die Meinungen der Autoren wider und müssen nicht zwingend mit den Ansichten des Verlags übereinstimmen.

Der Verlag und seine Autoren sind für Reaktionen, Hinweise oder Meinungen dankbar.

Bitte wenden Sie sich diesbezüglich an verlag@goldegg-verlag.com.

ISBN: 978-3-901880-77-3
© 2009 Next Level Consulting,
Sieveringer Straße 72,
A-1190 Wien

Erschienen im Goldegg Verlag, Wien
E-Mail: office@goldegg-verlag.com
http://www.goldegg-verlag.com

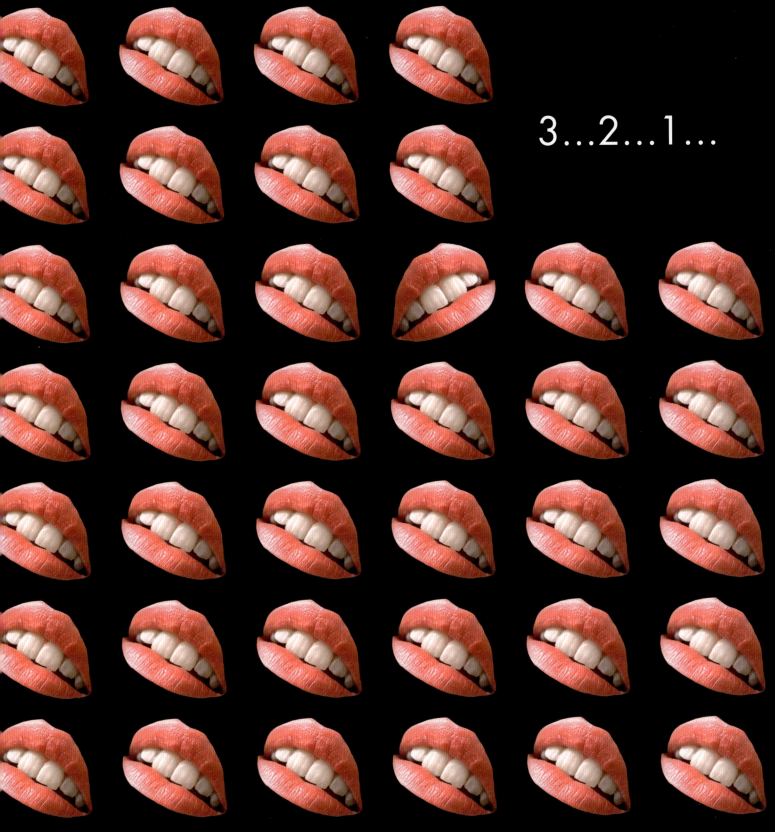

Im Herbst 2000 wurde anlässlich des Office-Warmings der next level consulting ein Musik-Performance-Künstler mit der Gestaltung einer interaktiven Musik-Performance beauftragt. Gäste und Auftraggeber waren begeistert, und bei einem After-Show-Bier wurde die Idee geboren, eine professionelle Beratungsfirma ergänzend zur next level consulting zu gründen, die sich mit dem Thema analoge Interventionen beschäftigen sollte – die SemiNarren waren geboren!

Es folgten spannende Jahre, in denen immer häufiger die einmaligen Kombinationen von konventionellen und analogen Beratungsformen sehr erfolgreich für Kunden eingesetzt werden konnten. Parallel dazu gab es eine intensive theoretische und praktische Auseinandersetzung mit den verschiedenen Aspekten von Veränderungsprozessen. Im Sommer 2007 beschlossen dann Uwe Sachs, mittlerweile Partner der SemiNarren in Deutschland, und Bernhard Weidinger, Gründungspartner der next level consulting, ein gemeinsames Buch zum Thema zu gestalten, das erstmals die unterschiedlichen Hintergründe und Zusammenhänge der konventionellen und analogen Interventionsformen reflektieren sollte.

Von Beginn an war klar, dass dieses Buch etwas Neues, Eigenständiges werden sollte, und zwar sowohl in Hinblick auf die Inhalte als auch auf die Gestaltung. Gemeinsam mit Wolfgang Hemmerich, Layout, und Karina Matejcek, Lektorat, entwickelten die Autoren das vorliegende Konzept. Gestaltung und Inhalt des Buches ergänzen sich auf spannende, witzige, merkwürdige und manchmal irritierende Weise zu einem neuen Wahrnehmungserlebnis. Besonderer Dank geht an Tina Hiller, Bernhard Widhalm, Wolfgang Rabl und Raschid D. Sidgi die mit der Aufbereitung einiger Case Studies wesentlich zum Entstehen dieses Buches beigetragen haben, sowie an die Unternehmen die die Publikation dieser Fälle ermöglicht haben. Weiters möchten wir uns herzlich bei unseren Kunden für die Unterstützung bei der Publikation der Fallbeispiele bedanken.

Die beiden Autoren
Uwe Sachs
Geboren 1967 in Schweinfurt, Deutschland; Einzelhandelskaufmann, Diplom-Schauspieler und Personal Coach, nach vielseitigen beruflichen Tätigkeiten seit 2004 geschäftsführender Gesellschafter der SemiNarren GmbH

Bernhard Weidinger
Geboren 1967 in Linz, Oberösterreich; Handelswissenschafter und Betriebswirt und seit 1990 als Berater tätig; begleitend dazu regelmäßige Forschungs-, Publikations- und Vortragstätigkeit zu den Themenkreisen Erkenntnistheorie und Systemtheorie; geschäftsführender Gesellschafter der next level consulting, vielseitige Erfahrungen als Unternehmer im Rahmen der Construct Management- und BeteiligungsgmbH

Vorwort

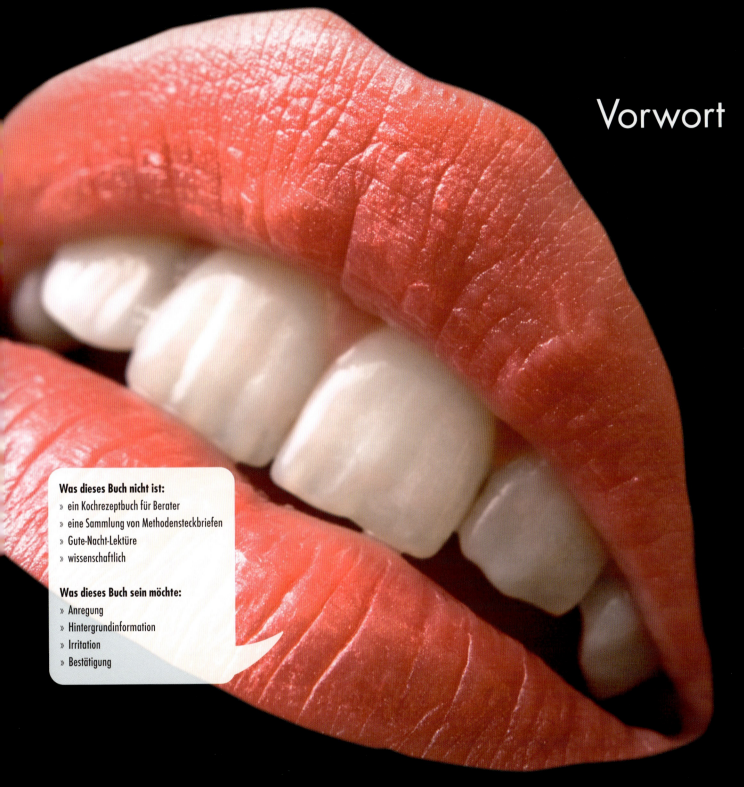

Was dieses Buch nicht ist:
- » ein Kochrezeptbuch für Berater
- » eine Sammlung von Methodensteckbriefen
- » Gute-Nacht-Lektüre
- » wissenschaftlich

Was dieses Buch sein möchte:
- » Anregung
- » Hintergrundinformation
- » Irritation
- » Bestätigung

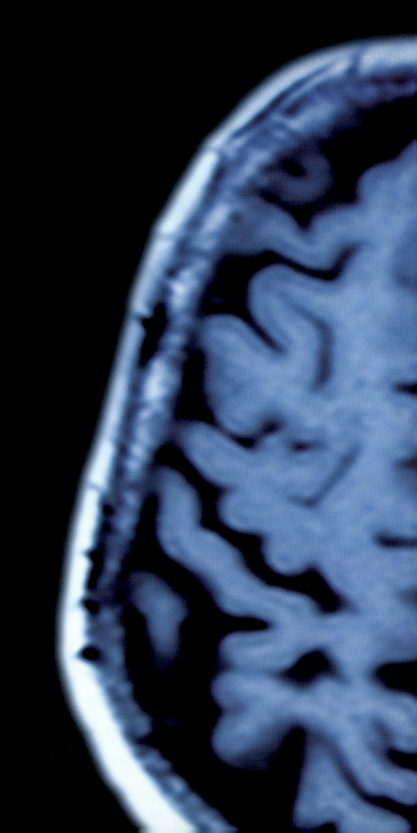

Inhalt

Konstruktivismus und Systemtheorie	**10**
Grundlagen des Konstruktivismus	12
Ist die Welt, wie sie ist?	14
Das konstrukivistische Weltbild	19
Systemtheoretische Grundlagen	26
Der Kontext bestimmt den Sinn	27
Bausteine sozialer Systeme	29
Veränderung in sozialen Systemen	31
Kommunikation	**34**
Veränderung und Kommunikation	36
Was ist Kommunikation?	37
Der Ursprung von Kommunikation	40
Kunst ist Kommunikation	43
Sprache ist Kommunikation	44
Bilder der Sprache – Sprachbilder	46
Sprache ist Veränderung	48
Kommunikation in Unternehmen	52
Kommunikation in Veränderungsprozessen	55
Emotionale Kompetenz	**56**
Kompetenz für Veränderungsgestaltung	59
Emotionale Wahrnehmung und sachliche Perspektive	59
Emotionales Agieren	60
Emotionale Ansprache	65
Umgang mit Emotionen	67
Interventionsdesign und Interventionstechniken	**68**
Phänomene und Wirkungen von Veränderungen	71
Die Gestaltung von Veränderungen	76
Das Interventionsdesign	76
Informationen sammeln	81
Interpretation und Diagnose	85
Interventionsplanung/ Interventionsdurchführung	87
Reflexion und Bewertung von Interventionen	90
Intervention in der Praxis	**92**
Deutsche Telekom	94
RWE Power	116
Sandoz	130
UMB	144
VA Tech Hydro	166
Anhang	**180**
Abschlussworte	182
Literaturliste	184

Kapitel 1

Konstruktivismus und Systemtheorie

Nichts ist praktischer als eine gute Theorie

Kapitel 1

Renè Descartes,
31.3.1596 – 11.2.1650
französischer
Philosoph, Physiker
Mathematiker und
Naturwissenschaftler

Rot: Licht mit Wellenlängen zwischen etwa 590 und 750 nm

Grundlagen des Konstruktivismus

Wer in sozialen Systemen (Unternehmen, Projekten etc.) Veränderungen erfolgreich gestalten will, braucht ein Verständnis darüber, was derzeit der Status quo im System „ist". Dabei ist es hilfreich, zu reflektieren, wie Menschen aus ihren Wahrnehmungen Wirklichkeiten entwickeln und welche Muster bei der (Neu-)Gestaltung von Wirklichkeiten in Organisationen ablaufen. Die Erklärungsansätze dafür liefert uns die Erkenntnistheorie. Was die Spezifika sozialer System sind, welche Grundregeln dort gelten und wie soziale Systeme auf Veränderungsimpulse reagieren, erläutert die Systemtheorie.

Wie beobachten wir? Wie interpretieren und bewerten wir? Wie können Aussagen über Beobachtungen gemacht werden? Wie gelangen wir zu Lösungen für Probleme? Um dies zu erklären, können wir uns des Konstruktivismus bedienen.

Der Konstruktivismus ist eine Richtung der Erkenntnistheorie. Die Erkenntnistheorie beschreibt, wie wir zu Erkenntnis gelangen, ist also eine Meta-Theorie, die zeigt, wie Theorien zu Phänomenen entstehen. Viele wesentliche Konzepte in der Psychologie, Soziologie, Betriebswirtschaft, aber auch im Management basieren auf erkenntnistheoretischen Konzepten.

Auch in der Physik, lange Zeit die rationalistische Paradedisziplin, werden konstruktivistische Modelle zur Erforschung von Grenzphänomenen herangezogen: Bei Einstein wird das Licht durch Gravitation gebogen, die Zeit vergeht für bewegte Beobachter langsamer als für still stehende, Raum und Zeit sind relativ. Heisenberg postuliert mit der Unschärferelation, dass es unmöglich sei, die Position eines Teilchens und seinen Impuls gleichzeitig exakt zu messen. Diese Erkenntnis ist essentiell für die Quantenphysik, aus der sich unter anderem ergibt, dass das Licht sowohl als Welle als auch als Teilchen betrachtet werden kann. Die Astronomen wiederum verwenden die Stringtheorie zur Beschreibung der Vorgänge im Universum, in dem sie mit bis zu 26-dimensionalen Rechenmodellen die Erkenntnisse der klassischen Physik mit jenen der Quantenfeldtheorie verbinden.

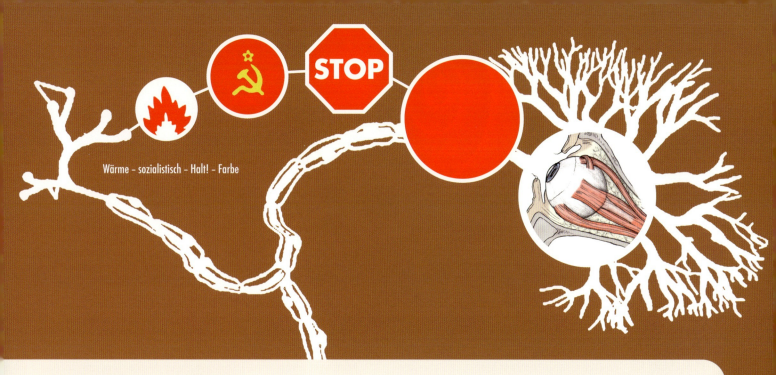

Wärme – sozialistisch – Halt! – Farbe

Landschaft und Landkarte

Schon im alten Griechenland meinten einige verwegene Philosophen, dass wir Menschen die Welt nicht so wahrnehmen, wie sie „ist", sondern dass wir uns „Abbilder" von dieser Wirklichkeit schaffen, die wir für „wahr" halten. Eine wesentliche Erkenntnis ist, dass unsere Bilder der Welt nicht mit dieser ident sind; die Landkarte ist nicht die Landschaft. Gestützt wurde diese Annahme durch Beobachtungen in der Tierwelt, dass Katzen besser sehen und Hunde besser riechen können als Menschen. Daraus schloss man, dass unterschiedliche Lebewesen die Welt unterschiedlich erleben.

Gibt es eine Welt, die für alle verbindlich ist und unabhängig von Wahrnehmungen und Interpretationen existiert, oder entsteht diese Welt erst dadurch, dass jemand sie mit seinen Sinnen erlebt und interpretiert? Hier kann die Wahrnehmungsforschung uns Auskünfte geben: Das System unserer Wahrnehmung besteht aus Sensoren (= Sinnesorgane), Leitungen (= Nerven) und einer zentralen Recheneinheit (= Gehirn). Die Sensoren erfassen nur relativ einfache Signale und geben diese über die Leitungen an das Gehirn weiter.

So wird zum Beispiel die Farbe Rot nicht als „Farbe Rot" wahrgenommen, sondern das Vorhandensein bzw. das Nichtvorhandensein bestimmter Lichtwellen (oder Teilchen, auch das ist ja eine Konstruktion!) erfasst und dann im Gehirn als „Rot" interpretiert. Zusätzlich zu dieser primären Interpretation addiert unser Gehirn je nach Kontext eine zusätzliche Bedeutung von „Rot" hinzu: zum Beispiel „Halt!", „sozialistisch", „Wärme". Es kommt also immer auf den Zusammenhang an, in dem uns die Farbe Rot begegnet, welche Bedeutung dieses Rot in der betreffenden Situation für uns hat.

Die Welt steht Kopf

Mit dem „Linsenexperiment" kann man nachweisen, dass das Bild, die wir uns von der Welt machen, im Gehirn gesteuert wird. An seinem Beginn stand die Analyse des menschlichen Auges unter physikalisch-optischen Gesichtspunkten. Dabei fand man heraus, dass die Linsenkonstruktion des Auges sehr einfach gebaut ist. Die eintretenden Lichtwellen (oder Lichtteilchen, je nachdem) werden auf die Netzhaut fokussiert, auf der sich verschiedene lichtempfindliche Sensorzellen befinden. Die Linsen-

Kapitel 1

Auge & Wahrnehmung

konstruktion produziert Bilder, die „auf dem Kopf stehen", was als Ergebnis der optischen Wahrnehmung der Umgebung für den durchschnittlichen Menschen aber unpraktisch wäre. Die Forscher nahmen daher an, dass das menschliche Gehirn den „optischen Fehler" der auf dem Kopf stehenden Bilder korrigiert – anders ließ sich das Phänomen nicht deuten, da eben die physikalische Konstruktion des Auges sehr einfach ist und vollständig analysiert werden konnte. Man baute also eine Brille, welche die eintreffenden Lichtwellen bzw. Lichtteilchen um 180 Grad gedreht fokussierte. Dahinter kam das menschliche Auge und drehte das Bild wieder um. So entstand eine Art „Doppelfehler" bzw. eine „Doppelkorrektur". Die Versuchspersonen sahen die Umgebung auf dem Kopf stehend. Einigermaßen überraschend war nun, dass nach einer gewissen Zeit, in der die Brille getragen wurde, das Bild im Kopf der Probanden kippte und sie nun wieder „richtig" sahen. Dieses Ergebnis nahm man als Beweis dafür, dass die eigentliche Wahrnehmungsleistung im Gehirn und nicht in den Sinnesorganen passiert.

Wir erleben also unsere Umgebung nicht eins zu eins, wie sie „ist", sondern konstruieren uns auf Basis einfacher Signale Bilder, die dann eine Bedeutung bekommen. Da das Gehirn an sich als „Recheneinheit" abgeschlossen ist und mit der Umwelt nur über die Sensoren und Nervenleitungen verbunden ist, gibt es offenbar Mechanismen und Prozesse, wie Menschen zu ihren Bildern, zu deren Bedeutungen und damit zu ihren Wirklichkeiten gelangen.

Ist die Welt, wie sie ist?

Der Konstruktivismus bietet das Konzept der Viabilität an. Viabel bedeutet „gangbar". Es geht dabei nicht darum, ob eine Aussage oder ein Bild wahr oder falsch sind, sondern ob es für eine Gruppe von Menschen sinnvoll ist, diese Aussage oder das Bild zu verwenden oder nicht. Ein Tisch ist nicht deshalb ein Tisch, weil er ein Tisch „ist", sondern weil es für viele Menschen sinnvoll ist, einen Gegenstand, der bestimmte Merkmale (Beine, um Abstand zum Boden herzustellen, Fläche, um etwas darauf ablegen zu können) hat, als Tisch zu bezeichnen. Das Konzept „Tisch" als viables Wirklichkeitskonstrukt hat dabei mehrere Funktionen: Einerseits können mehrere, teilweise sehr unterschiedliche Gegenstände zu einer Gesamtgruppe zusammengefasst werden (Holztisch, Glastisch, Esstisch, Couchtisch, Campingtisch, Beistelltisch) und andererseits kann das Konzept „Tisch" dazu verwendet werden, „Tische" von „Nicht-Tischen" zu unterscheiden.

Tische und Nicht-Tische

Kapitel 1

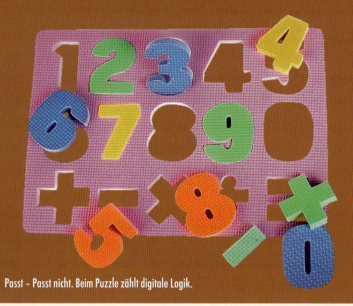

Passt – Passt nicht. Beim Puzzle zählt digitale Logik.

Wann ist eine Lösung gangbar?

Im Konstruktivismus ist das Unterscheiden und Benennen ein wesentlicher Teil der Entstehung von Wirklichkeitsbildern. Unterschiedliche Menschen beurteilen ein Konzept, also eine Wirklichkeitskonstruktion, als viabel, wenn die im Konzept getroffenen Aussagen zu ihrer Wahrnehmung und Wirklichkeitsinterpretation „passen". Passen bedeutet in diesem Zusammenhang ein Passen, wie ein Hemd jemandem passt, und nicht, wie ein Puzzleteil zu anderen Puzzleteilen passt. Das Hemd „passt" quasi nach einer analogen Logik; das heißt, es kann auch „besser" oder „weniger gut" passen.

Viable Wirklichkeitskonstrukte sind **fuzzy** oder unscharf: Es gibt keine eindeutigen Regeln, ob etwas passt oder nicht. Innerhalb einer nicht genau definierbaren Bandbreite sind verschiedene Lösungen für eine bestimmte Aufgabenstellung nicht nur denkbar, sondern auch praktisch gleichwertig. Manche Hemdenträger bevorzugen eng geschnittene, taillierte Hemden, andere wiederum haben lieber weit geschnittene, legere Hemden. Dennoch können beide Typen von Hemdenträgern die Frage, ob ihnen ein bestimmtes Hemd „passt", mehr oder weniger eindeutig beantworten.

Ganz anders verhält es sich mit dem Puzzleteil, das passt oder eben nicht passt: Hier kommt eine digitale Logik zum Einsatz, die ein striktes „Entweder-oder" anwendet, um „wahre" und „falsche" Aussagen voneinander zu trennen. Dieses Konzept von „passen" geht von einer „richtigen", das heißt, von Beobachtern und Interpretierern unabhängigen, Wirklichkeit aus, die Wahrheitscharakter hat. In einem rationalistischen Weltbild geht es also darum, sich mit Aussagen und Konzepten möglichst exakt an die „real existierende" Wirklichkeit anzunähern.

Konventionen erleichtern den Alltag

Erweisen sich Konzepte für mehrere Personen als gangbarer als alternative Konzepte, können diese Konzepte zu Konventionen werden. Konventionen sind bewährte Interpretationsschablonen für die wahrgenommene Wirklichkeit. Diese Schablonen müssen praktischerweise nicht ständig hinterfragt werden. So wäre ein Mensch, der nicht nach Konventionen handelt, de facto lebensunfähig: Er würde zum Beispiel am Morgen aufstehen, wobei zunächst die Konventionen „am Morgen" („Wann ist das?") und „aufstehen" (Von wo? Und vor allem: Weshalb?) und deren Verbindung miteinander (Was bedeutet es, am Morgen auf-

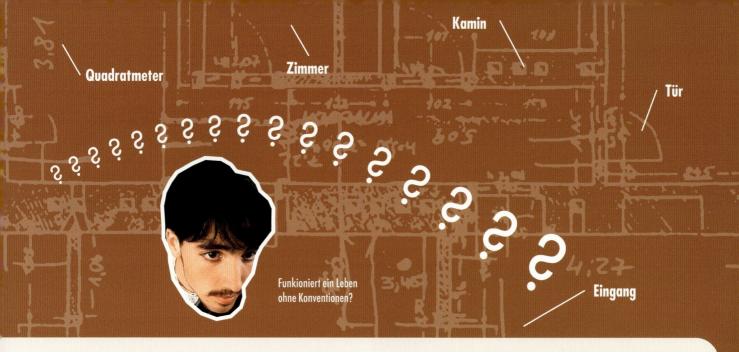

Funkioniert ein Leben ohne Konventionen?

zustehen bzw. dieses auch nicht zu tun?) zu klären wären. Auf dem Weg ins Bad würden sich weitere komplexe Klärungsbedarfe stellen: Wozu dient ein Flur? Was ist eine Tür? Wie funktionieren Türgriff und Schloss? Welche keramische Vorrichtung ist zum Waschen vorgesehen, welche für die Entsorgung von Stoffwechselrestprodukten? Nach drei bis vier Stunden wäre unsere Testperson völlig ermüdet vom vielen Konventionen-neu-Verhandeln wieder im Bett gelandet, wobei – natürlich – auch „Bett" und „darin landen" erst noch geklärt werden müssten.

Wie entstehen Wirklichkeiten und Konventionen?

Wahrheit als Begriff verliert im Konstruktivismus jegliche Bedeutung. Kein Beobachter kann empirisch feststellen, ob sein im Gehirn entstandenes Bild der Wirklichkeit mit dem Bild anderer Beobachter übereinstimmt. Da es aber für den menschlichen Alltag praktisch und unerlässlich ist, zu „Spielregeln" zu kommen, die nicht jedes Mal neu zu verhandeln sind, müssen die Beobachter in einen Dialog miteinander treten, um durch einen Abgleich der Sichtweisen, das Abwägen von Argumenten und Gegenargumenten und letztlich das Zustimmen zu einer gangbaren („viablen") Lösung zu einem gemeinsamen Bild der Wirklichkeit zu gelangen. Diesen Prozess nennen Konstruktivisten den „qualifizierten Diskurs".

Im alltäglichen Beobachten menschlicher Interaktionen kann man feststellen, dass im qualifizierten Diskurs einige Faktoren eine Rolle spielen, die den Prozess entweder beschleunigen oder verzögern. So spielt zum Beispiel die Machtverteilung in einer Familie oder in einem Unternehmen eine ebenso große Rolle beim Aushandeln von Wirklichkeiten wie die individuelle Sozialisation jedes einzelnen Teilnehmers eines Diskussionsprozesses.

Schließlich ist aus konstruktivistischer Sicht einzig jene Wirklichkeit relevant, die für die beteiligten Akteure handlungsleitend wird. Nicht alles, was grundsätzlich in einem System vorstellbar ist, ist relevant für das „tatsächliche" Geschehen. Relevant ist nur jene Teilmenge an Wirklichkeiten, die einen beobachtbaren Einfluss auf das Verhalten der handelnden Personen hat.

Die Prinzipien des Konstruktivismus haben weitreichende Auswirkungen bei der Ausgestaltung von Erklärungsmodellen: „Richtige" Kindererziehung, „bester" Management-

stil oder „führende" Religion sind Konzepte, die aus konstruktivistischer Sicht nicht gangbar sind, da sie regelmäßig mit den Erfahrungen anderer Individuen kollidieren und mittel- bis langfristig nur durch massiven Energieeinsatz, das heißt Zwang, aufrechterhalten können.

Aus konstruktivistischer Sicht ist vielmehr erwartbar, dass sich bestimmte Konzepte und Lösungen eine Zeitlang halten und dann durch neue Konzepte ersetzt werden. Wobei der regelmäßige Wechsel das normal erwartbare Phänomen ist und langfristige Konstanz von Strukturen daher grundsätzlich zu hinterfragen wäre.

Der Konstruktivismus, der von einer grundsätzlichen Transzendenz von Lösungen ausgeht, ermöglicht daher auch einen entspannten Zugang zu Problemen und ihren Lösungen. Sollte sich eine Problemlösung aus der Sicht der Beteiligten als suboptimal erweisen, so kann durch die Ablöse dieser „Konvention" durch eine neue, besser passende ein neues Optimum gefunden werden.

Doch können Lösungen, die sich in einem System als passend erwiesen haben, nicht automatisch in einen anderen Kontext übertragen werden. Jedes System hat seine eigene Geschichte, seinen eigenen, ganz spezifischen Kontext, wodurch jedes Mal bei der Ablöse einer bestehenden Konvention durch eine neue der Weg des qualifizierten Diskurses beschritten werden muss.

Das konstruktivistische Weltbild

Beobachten bedeutet Interpretieren

Auf Grund der kognitiven Geschlossenheit unseres Gehirns können wir die Welt, die uns umgibt, nur interpretativ, das heißt mit Sinn belegend erleben, und eben nicht so, wie sie „ist". Der Akt der Wahrnehmung ist bereits untrennbar mit dem der Interpretation verbunden. Der Beobachter kann zwar versuchen, die Beschreibung eines Sachverhaltes von dessen Erklärung und in weiterer Folge seiner Bewertung zu trennen, jedoch ist bereits die Entscheidung, etwas zu beschreiben und etwas anderes nicht zu beschreiben, strenggenommen eine Wertung, nämlich betreffend die Beschreibungswürdigkeit der beiden Sachverhalte. Konsequenterweise gibt es im konstruktivistischen Erkenntnisparadigma auch keinen „objektiven", neutralen Beobachter, der Sachverhalte wie ein Schiedsrichter beobachten und bewerten kann. Vielmehr wird davon ausgegangen, dass jede Aussage eines Beobachters als subjektiv zu werten ist. Dieser Sachverhalt löst regelmäßig Irritation aus, da in vielen Situationen „objektive" und „neutrale" Aussagen von „Dritten" erwartet werden, die aber aus konstruktivistischer Sicht gar nicht möglich sind.

Es existiert keine beobachterunabhängige Realität

Wirklichkeit entsteht erst durch Beobachten (= Interpretieren). Wenn es eine Realität gäbe, die von niemandem beobachtet wird bzw. werden kann, dann ist diese irrelevant. Die Realität, die uns alltäglich erscheint, entsteht erst in unserem Gehirn und existiert „nicht wirklich" in dem Sinn, dass wir sicher sein könnten, dass ein anderer Beobachter zur gleichen Zeit und am gleichen Ort dieselben Konstrukte produzieren würde. Im radikalen Konstruktivismus gibt es Überlegungen, ob Realitäten überhaupt existieren, wenn niemand sie beobachtet. Gäbe es nämlich keinen Beobachter, der etwas beobachten könnte, wäre es irrelevant, welche Art von Realität dann existierte. Sie würde für keinen Menschen handlungsleitend.

Unsere Beobachtungen sind nicht identisch mit der beobachteten Wirklichkeit

Im konstruktivistischen Diskurs wird hier häufig das Bild der Landkarte verwendet. Diese bildet nicht die Landschaft ab, sondern sie gestaltet eine eigene, neue Wirklichkeit. So stimmen die Maßstäbe einer Landkarte nicht mit den physischen Maßstäben überein. Eine Autobahn wäre physisch aus der Landkarte in die „Wirklichkeit" übertragen mehrere hundert Meter breit. Natürlich ist es viabel, in einer Landkarte die Autobahn überproportional groß einzuzeichnen, weil man ansonsten nur einen haarfeinen Strich hätte, den niemand mehr als Autobahn identifizieren könnte.

Nach genau diesem Muster laufen Konstruktionsprozesse in unserem Gehirn ab: Es werden laufend Bilder generiert,

30 Schritte vom ersten Blickkontakt bis zum ersten Sex.

die unser Gehirn mit „passenden" Sinnzusammenhängen versieht. Sofern sich diese Bilder als passend zu den eigenen oder fremden Handlungen erweisen, gelten die Bilder als „Realität". Erst wenn es zu Störungen der „Passungen" kommt, kann der Sinn dieser Bilder hinterfragt und neu definiert werden. In diesem Zusammenhang hat Paul Watzlawick in seinem Buch „Wie wirklich ist die Wirklichkeit?" einen berühmten Fall aus der Zeit des Zweiten Weltkriegs beschrieben:

30 steps to heaven

Amerikanischen Soldaten, die in England stationiert waren, schilderten bei Heimaturlauben regelmäßig, dass die englischen Mädchen sexuell sehr rasch „zur Sache" kämen. Die englischen Mädchen formulierten deckungsgleiche Aussagen über die amerikanischen GIs. Diese wechselseitige Einschätzung wurde als Paradoxon eingestuft, da, wenn beide Seiten das Timing tatsächlich so wahrnehmen würden, es für alle Beteiligten ja passen müsste und keiner den jeweils anderen als zu offensiv erleben würde. Das Paradoxon konnte durch eine Interaktionsanalyse aufgelöst werden: Man identifizierte 30 Schritte vom ersten Blickkontakt eines Paares bis zum ersten Sex. Diese Schritte waren weitgehend identisch, mit einer wesentlichen Ausnahme: Für die Amerikaner kam der erste Kuss ungefähr als fünfter Schritt (= noch weit von Sex entfernt), während für die Britinnen der erste Kuss erst an Stelle 25 kam (= beinahe schon Sex). Die Konsequenz war, dass der amerikanische GI nach dem ersten Kennenlernen relativ rasch zum ersten Kuss kommen wollte, was von seiner britischen Partnerin als sehr offensive Annäherung interpretiert wurde, da für sie der Kuss ja erst viel später hätte stattfinden dürfen. Wenn die Britin den GI hinreichend sympathisch fand, begann sie sich nun jedoch auszuziehen, was wiederum beim Amerikaner mit einigermaßen großem Erstaunen aufgenommen wurde, da dies ja unmissverständlich die Aufforderung war, Sex zu haben, was nach seinem Fahrplan allerdings erst zu einem deutlich späteren Zeitpunkt vorgesehen war. So landeten beide überrascht vom Vorgehen des jeweils anderen im Bett und wunderten sich über die eigene, aber auch die fremde Freizügigkeit.

Diese Geschichte zeigt, wie die Landkarten im Kopf das Handeln bestimmen und welche Konsequenzen ein Bruch in den Passungen verschiedener Landkarten haben kann. Ähnliche Phänomene begegnen uns, wenn zum Beispiel

Davon fünf (undzwanzig) Schritte zum ersten Kuss

KUSS 25

5

SEX 30

Menschen aus verschiedenen Kulturen über „langsam" und „schnell", „groß" und „klein", „günstig" und „teuer" verhandeln. Für die meisten Menschen ist es vorerst irritierend, dass andere Menschen anderen Werten und Normen folgen. Der bzw. das Andere wird dann rasch als Bedrohung wahrgenommen, denn die Existenz einer fremden Sichtweise bedeutet ja gleichzeitig, dass es zumindest eine viable Alternative zur eigenen Sicht gibt. Der eigene Absolutheitsanspruch wird damit auf eine harte Probe gestellt. Es ist somit auch nicht verwunderlich, dass die meisten Menschen die Gesellschaft Gleichgesinnter vorziehen: Hier kann eine regelmäßige Bestätigung der eigenen Sichtweisen erwartet werden kann.

Es gibt keine „richtigen" und „falschen" Lösungen, sondern nur gut oder weniger gut passende

Die Suche nach der ontologischen, der beobachterunabhängigen, Wahrheit hat mit dem Konstruktivismus ein Ende. Richtig und Falsch verlieren ihren gestaltenden Wert als Differenzkriterien. An ihre Stelle tritt ein Sowohl-als-auch bzw. ein „besser passend" oder „weniger gut passend". Dabei ist die ausverhandelte konstruktivistische

Paul Watzlawick,
25.7.1921 - 31.3.2007,
Österreichischer Wissenschaftler,
Psychologe und
Schriftsteller

Wirklichkeit keineswegs beliebig, sondern bedarf der Akzeptanz der relevanten Mit-Konstrukteure. Das, was als „wirklich" empfunden wird, entsteht im Weg eines qualifizierten Diskurses. Jede Lösung muss von den Mit-Konstrukteuren als „passend" qualifiziert werden, damit sie relevant für die weiteren Handlungen der Beteiligten werden kann. In einem anderen System mit anderem Kontext kann daher auch eine völlig andere Lösung zu dem gleichen Problem entstehen, die von den dort handelnden Personen als absolut passend erlebt wird. Wenn nun die Akteure der beiden Systeme die Möglichkeit bekommen, ihre Lösung mit der eines anderen Systems zu vergleichen, kommt es häufig zu großen Überraschungen, wie „anders" andere Lösungen sein können.

Die grundsätzliche Transzendenz von Lösungen beinhaltet weiters das Konzept von „jetzt im Augenblick gut passenden" Lösungen, die quasi ihr Ablaufdatum bereits in sich tragen. Solche bewusst von allen Beteiligten interimistischen oder provisorischen Lösungen sind in konfliktären Situationen häufig die einzig gangbaren Alternativen. Überraschend dabei ist, dass gerade solche ursprünglich als zeitliche befristet intendierte Lösungen ein erstaunlich langes Leben entwickeln.

Intersubjektivität ersetzt die Objektivität

Wirklichkeit ist im tiefsten Sinne des Wortes „relativ". Sie entsteht durch kommunikative Interaktion zwischen zwei oder mehreren Menschen. Eine gemeinsame Wirklichkeit ist somit abhängig von der Beziehung der Menschen zueinander („relativ"). Erst wenn eine Übereinkunft hergestellt werden kann, mit welchem Sinn eine bestimmte Beobachtung belegt werden soll, kann daraus eine handlungsleitende Konsequenz abgeleitet werden.

Ernst von Glasersfeld nennt die Wirklichkeit fast schon poetisch die „Gemeinsamkeit zwischen dem Du und dem Ich". Wenn eine Wirklichkeit für zwei oder mehrere Beteiligte ausgehandelt ist und damit „zwischen den Subjekten" Sinn erzeugt, dann ist diese Wirklichkeit für die Konstrukteure real. Für andere Gruppen ist jedoch nicht vorhersagbar, dass sie in ähnlichen Situationen zu ähnlichen Ergebnissen kommen werden. Lösungen, die also in einer Gruppe als sinnvoll betrachtet werden, müssen nicht notwendigerweise in einem anderen Kontext für eine andere Gruppe passen. Die Frage nach objektiv richtigen, verallgemeinernd ableitbaren Lösungen stellt sich so betrachtet gar nicht mehr.

Bewährtes wird zur Konventionen

Haben sich Konzepte bzw. Wirklichkeitskonstrukte als viabel erwiesen, so werden sie zu Konventionen, die quasi verselbständigt und unhinterfragt weitergegeben werden – bis eine neue Konvention die vorangegangene ablöst. Konventionen sind die Grundvoraussetzung für menschliches Zusammenleben, da sie Stabilität, Orientierung und Sicherheit geben.

Werden Konventionen über einen sehr langen Zeitraum aufrechterhalten, können daraus ritualisierte Handlungen bzw. klischeehafte Vorstellungen entstehen. Der eigentliche Sinn der Konvention geht im Lauf der Zeit verloren, die Tradierung der Konvention mündet in weitgehend sinnfreien Handlungen, deren regelmäßige Wiederholung für das System aber große symbolische Bedeutung erlangen kann. Die Beteiligten nehmen in diesem Stadium nicht mehr die Sinnhaftigkeit einer bestimmten Vorgehensweise wahr, sondern einen transponierten Sinn. Dieser „Meta-Sinn" eines immer wieder wiederholten Rituals hat häufig mit Stabilität, Konstanz und Sicherheit zu tun.

Das Infragestellen oder Wegnehmen von Konventionen löst fast zwangsläufig Unsicherheit und somit im Regelfall

Auf der Suche nach der Wirklichkeit

DAS ERBE DER 3 BRÜDER

ALS ES MIT DEM ALTEN KARAWANEN-FÜHRER ZU ENDE GING, RIEF ER SEINE 3 SÖHNE ZU SICH UM SEIN ERBE AUFZUTEILEN. DER ERSTGEBORENE SOLL DIE HÄLFTE SEINER 17 KAMELE BEKOMMEN, DER MITTLERE 1/3 UND DER JÜNGSTE 1/9 OHNE KAMELE ZU „TEILEN" UND DAMIT ZU TÖTEN. DIE 3 BRÜDER WAREN RATLOS,

ES VERGINGEN WOCHEN UND SIE FANDEN KEINE LÖSUNG. DA KAM EIN WEISER AUF SEINEM KAMEL ZU DEN BRÜDERN UND SIE FRAGTEN IHN UM RAT. "GEBT MIR EINEN TAG, ICH SAGE EUCH MORGEN DIE LÖSUNG" SPRACH DER WEISE. AM NÄCHSTEN TAG SAGTE ER ZU DEN BRÜDERN: ICH LEIHE EUCH MEIN KAMEL. DER ÄLTESTE BEKOMMT DIE HÄLFTE, ALSO 9 KAMELE, DER MITTLERE BEKOMMT EIN DRITTEL, ALSO 6 KAMELE UND DER JÜNGSTE BEKOMMT EIN NEUNTEL, ALSO 2 KAMELE. DA SPRACH DER JÜNGSTE: „ABER WAS MACHEN WIR MIT DEM ÜBRIGEN KAMEL?" „DAS NEHME ICH WIEDER MIT", SPRACH DER WEISE.

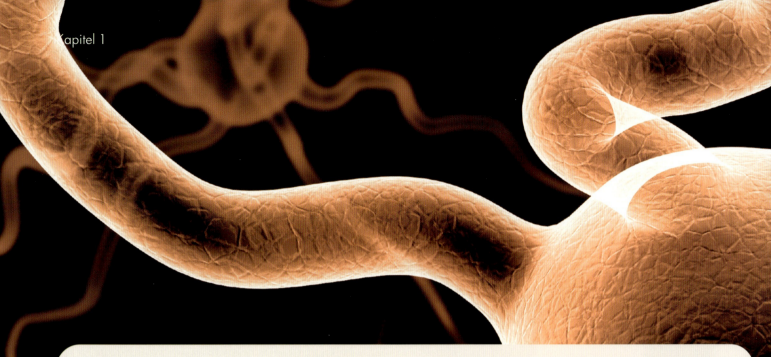

Kapitel 1

Ablehnung und Widerstand aus. Die Orientierung an Konventionen im Zusammenleben von Menschen hat daher eine konservative Grundtendenz, deren Zweck es ist, das Zusammenleben aufrechtzuerhalten. Andererseits gibt es – zumindest bei vielen Menschen – eine gewisse Neugier für Neuartiges. Taucht also eine Lösung für ein Problem auf, die den bisherigen Konventionen nicht entspricht, also im wahrsten Sinn des Wortes „unkonventionell" ist, so kann sie auch als originell, weil andersartig empfunden werden. Somit entsteht bei Veränderungen von Konventionen ein Spannungsfeld, das zwischen den Polen Angst bzw. Unsicherheit und Neugier bzw. Experimentierfreudigkeit angesiedelt ist.

Veränderung bedeutet das Verändern von Konventionen

Da Konventionen normalerweise nicht hinterfragt werden, bedarf es eines Anlasses, bestehende Konventionen zu verändern. Eine Veränderung von selbst ist nicht erwartbar, da sich die Konvention ja als passend erwiesen hat. Anlässe für Veränderungen von Konventionen können ganz unterschiedlicher Art sein: Veränderte Kontexte, neue Gruppenmitglieder, erlebte Krisensituationen, Vergleich mit anderen Gruppen et cetera können bewirken, dass eine Gruppe von Menschen ihre bestehenden Konventionen infrage stellt und gegebenenfalls auch verändert. Erst durch das Herstellen bzw. Eintreten eines instabilen Zustands, in dem bisher geltende Konventionen hinterfragbar werden, kann eine Weiterentwicklung und somit Veränderung geschehen. Dieser instabile Zustand wird regelmäßig durch Irritation hervorgerufen. Die eigene Wahrnehmung der Wirklichkeit passt nicht mehr zu den bisher gemachten Erfahrungen, weicht von den Sichtweisen anderer Gruppenmitglieder ab oder wird durch das Auftauchen einer alternativen Vorstellung in Frage gestellt.

Sobald ein solcher instabiler Zustand nicht nur bei einzelnen Personen, sondern in einem Gesamtsystem eintritt, ist eine Veränderung bestehender Konventionen möglich. Was bisher als normal und damit erwartbar gegolten hat, wird von einer neuen Erwartungshaltung abgelöst, die, sobald sie von den Beteiligten akzeptiert wurde, ebenfalls wieder Vereinfachungs-, Sicherheits- und Stabilisierungsfunktion übernimmt.

Der „Meta-Sinn" von Konventionen bleibt unberührt von der Existenz einer bestimmten, einzelnen Konvention.

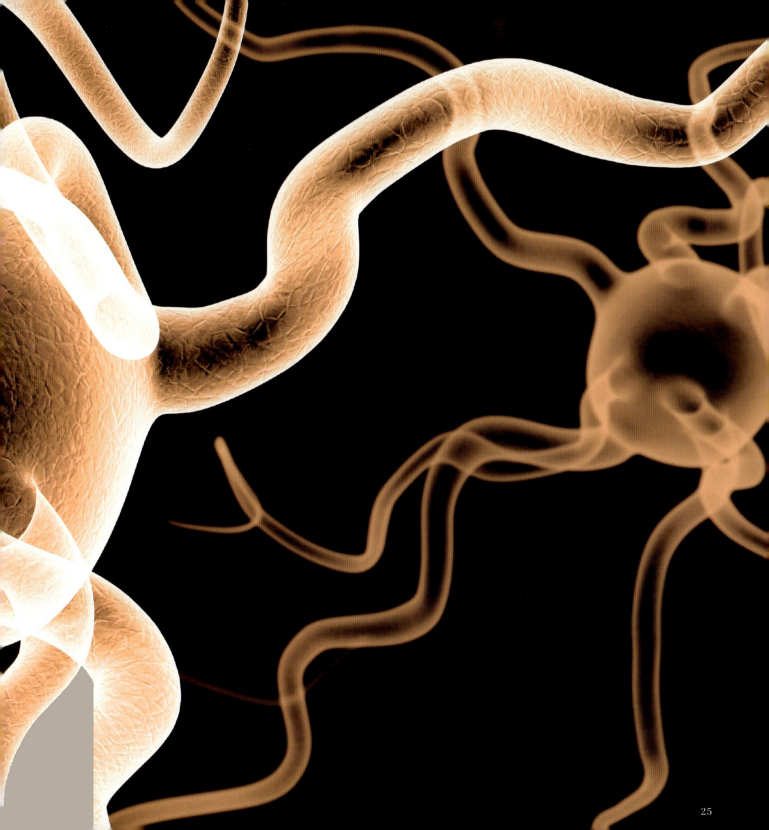

Kapitel 1

König Fussball:
Ein prototypisches
soziales System

Systemtheoretische Grundlagen

Die Systemtheorie wurzelt in der Kybernetik, die die Zusammenhänge und Steuerungsmechanismen zwischen und von Elementen betrachtet. Als System versteht man dabei die Gesamtheit von einzelnen Elementen und deren Beziehungen zueinander und zu Elementen außerhalb eines Systems, dem so genannten Kontext des Systems.

Dies kann mit einem einfachen Bild aus der Küchenpraxis veranschaulicht werden: Mechanistisch gesprochen ist ein Kuchen eine Ansammlung von Butter, Eiern, Zucker, Mehl, Backpulver und Schokolade, die mit einem physikalischen Prozess (Backen, also Zufuhr von Wärme) behandelt wird. Systemisch ergibt erst das ausgewogene Verhältnis der einzelnen Zutaten zueinander, verbunden mit der richtigen Backzeit und Backtemperatur, einen Kuchen, der die Bezeichnung „wohlschmeckend" verdient.

Als soziales System kann jedes strukturierte Miteinander von Menschen verstanden werden, das nicht rein zufällig ist. Eine Gruppe Passanten, die zufällig zu einer bestimmten Uhrzeit an einem bestimmten Tag die gleiche Geschäftsstraße entlangbummelt, wäre in diesem Zusammenhang kein System. Ein Fußballspiel hingegen wäre ein prototypisches soziales System: Es gibt Elemente wie Spieler, Schiedsrichter, Zuschauer und Ball, weiters gibt es Strukturen – physisch das Spielfeld, das Stadion und logisch die Spielregeln.

Soziale Systeme sind nicht trivial

Die Systemtheorie versucht nun, die Vorgänge in (sozialen) Systemen zu analysieren und Erkenntnisse zu deren Weiterentwicklung zu gewinnen. Hilfreich zum Verständnis ist, den Unterschied zwischen einer mechanistischen und einer systemischen Sicht der Welt mit dem Maschinenbild zu illustrieren: Triviale Maschinen lassen sich allgemein über die Formel $y = f(x)$ darstellen. Mit einem definierten Input x und einem gestaltenden Prozess f lässt sich ein Ergebnis y produzieren. Entscheidend bei trivialen Maschinen ist, dass y immer durch $f(x)$ definiert wird. Diese Art von Maschinen ist deshalb trivial, weil sie analytisch vollständig darstellbar, vergangenheitsunabhängig und damit auch prognostizierbar sind. Anders formuliert: Wer den Input und den Prozess kennt, der kennt auch das Ergebnis.

Bei nicht-trivialen Maschinen stellt sich die Sache nun ganz anders dar: y kann unter gewissen Umständen bzw. in

Charles Chaplin,
16. 4. 1889 – 25. 12. 1977,
Englischer Regisseur, Produzent,
Schauspieler, Komiker, Komponist und
Filmpionier.

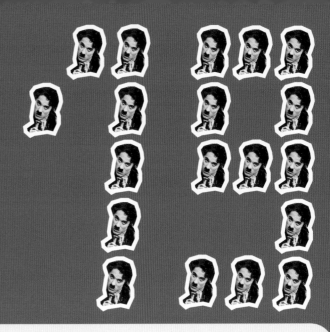

gewissen Kontexten als Funktion von x dargestellt werden. Das muss aber keineswegs immer so sein. Vielmehr können der gleiche Input und der gleiche Prozess ganz unterschiedliche Ergebnisse produzieren. Dazu ein kleines Beispiel aus dem Alltag:

X = ein guter Witz
F = den guten Witz jemandem erzählen
Y = der Zuhörer lacht sich schief

Nach mechanistischen Gesichtspunkten würde nun ein wiederholtes Erzählen desselben Witzes beim selben Zuhörer jedes Mal dasselbe Lachen produzieren, egal wie oft der Prozess wiederholt wird. Beim „trivialen" Zuhörer wird sozusagen jedes Mal die Festplatte des Gehirns vor dem neuerlichen Witzerzählen formatiert. Ab dem ersten Witzerzählen ist die Reaktion des Zuhörers für alle weiteren Wiederholungen eindeutig prognostizierbar und somit trivial. Dieses mechanistische Bild lässt sich durch empirische Überprüfung jederzeit leicht aushebeln: Spätestens nach dem dritten wiederholten Erzählen desselben Witzes wird der Zuhörer genervt, ungeduldig oder aggressiv sein, jedoch nicht mehr in schallendes Gelächter ausbrechen. Jedoch könnte konsequent wiederholtes Erzählen desselben Witzes kann ab dem zwanzigsten oder dreißigsten Mal doch wieder schallendes Lachen produzieren, aber nicht deshalb, weil der Witz so gut war, sondern weil ein zwanzig- oder dreißigmaliges Wiederholen eines Witzes so absurd wirkt, dass der Sachverhalt an sich schon wieder komisch wäre.

Der Kontext bestimmt den Sinn

Eine Erklärung könnte darin liegen, dass nicht-triviale Maschinen, zu denen auch Menschen zählen, eben nicht unabhängig von der Vergangenheit operieren, analytisch nicht komplett abbildbar und damit auch nicht prognostizierbar sind. Systemisch gesehen wird es wohl einen Unterschied machen, ob der Zuhörer den Witz zum ersten Mal oder zum 19. Mal hört. Es wird allerdings ebenfalls einen Unterschied machen, ob zum Beispiel am Vortag der Vater des Zuhörers verstorben ist oder nicht. Ebenfalls wird es einen Unterschied machen, ob man den Witz dem Zuhörer als Freund am Abend bei einem gemütlichen Bier oder als Mitglied eines Exekutionskommandos fünf Minuten vor der Hinrichtung erzählt. Systemisch betrachtet kann man auch von Kontextabhängigkeit sprechen. Die oben beschriebenen Kontextdimensionen sind die klassischen drei: zeitlich, sachlich, sozial.

Kapitel 1

Interaktion innerhalb eines Systems bzw. zwischen dem System und seinem Kontext sind nur unter Kenntnisnahme bzw. Interpretation eben dieses Kontextes sowie der Verarbeitungsmuster des betrachteten Systems beschreibbar und erklärbar. Für ein aktives Verändern eines sozialen Systems ist also nicht nur die Analyse des Systems selbst, sondern auch eine Kontextanalyse notwendig. Auch unser eingangs geschildertes Beispiel des Fußballspiels trägt deutliche Merkmale einer nicht-trivialen Maschine, da der Ausgang des Spiels zweier bestimmter Mannschaften im Normalfall nicht vorab feststeht.

Bausteine sozialer Systeme

Als kleinste Systemeinheit definieren Systemiker die Kommunikation, also einen interaktiven Akt zwischen zumindest zwei Akteuren. Befinden sich zumindest zwei Personen in einer interaktiven Beziehung zueinander, entsteht ein soziales System. Wie Watzlawicks Postulat, dass es unmöglich sei, nicht zu kommunizieren, sagt, bleibt ein solches System auch dann als Restsystem bestehen, wenn sich die Kommunikation darauf reduziert, eben nicht mehr miteinander zu kommunizieren.

Die Information, dass diese beiden Menschen nun keine aktiv-interaktive Beziehung mehr haben, bleibt wie ein schwarzes Loch als Restsystem bestehen. Historische kommunikative Akte eines sozialen Systems werden Teil seiner Geschichte und beeinflussen damit das System in seiner weiteren Entwicklung. Die Strukturen sind als Beziehungen zwischen den Elementen definierbar. Diese Beziehungen können Rollen, Prozesse und Ähnliches sein. Strukturierte Kommunikation ist im Wesentlichen das Kerncharakteristikum sozialer Systeme. Die Strukturen definieren, wie ein soziales System mit Impulsen aus seinem Kontext umgeht. Bei Veränderungsprozessen kommt es zu Neuordnungen der internen Funktionslogik, die ein effektives Weiterleben des Systems ermöglichen sollen. Die Veränderungen können die Entwicklung neuer Strukturen oder die Adaptierung vorhandener Strukturen bewirken, was als Akkomodation bzw. Assimilation bezeichnet wird. Veränderungen in einem sozialen System werden also durch Irritationen oder Perturbationen in seinem Kontext getriggert. Gleichzeitig bewirken aber die inneren Veränderungen in einem System auch wieder Änderungen im Systemkontext. Humberto Maturana spricht in diesem Zusammenhang von einer strukturellen Koppelung: System und Kontext existieren nicht unabhängig voneinander, sondern sind untrennbar verbunden, auch in ihrer Weiterentwicklung.

Der Systemkontext kann in die zeitliche, die sachliche und die soziale Dimension differenziert werden. Der zeitliche Kontext umfasst die Historie eines sozialen Systems einerseits und seine erwartbare Zukunft andererseits. Die systemeigenen kommunikativen Akte werden laufend Teil der Historie des Systems, parallel dazu entwickeln sich systemintern und systemextern die Erwartungshaltungen, was in Zukunft in und mit dem System geschehen kann beziehungweise soll. Der sachliche Systemkontext umfasst alle Themen, Konzepte und Inhalte, die in einem Bezug zu den im System relevanten Themen, Konzepten und Inhalten stehen. Andere soziale Systeme bilden den sozialen Kontext eines Systems.

Kommunikative Interaktionen

Als soziales System im Allgemeinen kann man jedes strukturierte Miteinander von Menschen verstehen. Die Strukturen entstehen durch Vereinbarungen zwischen den Systemteilnehmern im Wege des qualifizierten Diskurses. Ohne Kommunikation können keine Strukturen entstehen. Kommunikation muss in diesem Fall nicht nur die verbale Kommunikation beinhalten, sondern kann jede Aktion umfassen, die von einem Akteur gesetzt und zumindest einem weiteren Akteur wahrgenommen und interpretiert werden kann. Die Komplexität kommunikativen Verhaltens ist bei-

nahe unüberschaubar, da alles Gesagte und Getane, aber auch alles Nicht-Gesagte und Nicht-Getane einen Sinn hat. Paul Watzlawick meinte in diesem Zusammenhang auch, man könne „nicht nicht kommunizieren".

Zusätzlich können die beteiligten Akteure nicht davon ausgehen, dass ihre Interpretationsmodelle, also jene Mechanismen, die „reale" Wirklichkeitsbilder generieren, soweit vergleichbar sind, dass unterschiedliche Beobachter zu gleichen oder zumindest ähnlichen Interpretationen kommen. Diese Komplexität der Kommunikation ist eine der Ursachen für das nicht-triviale Verhalten von sozialen Systemen. Ein Mittel, diese Komplexität zu reduzieren, ist das Verwenden einer Meta-Kommunikation, also das bewusste Reflektieren der vorhandenen Kommunikationsmuster und -inhalte.

Menschen sind nicht Teile von sozialen Systemen, sondern mit diesen „gekoppelt"

In der Systemtheorie werden Menschen als psychisch-biologische Systeme bezeichnet. Diese sind notwendige Voraussetzungen für das Entstehen von kommunikativen Interaktionen, können allerdings nie Teil der Kommunikation selbst sein. Somit sind die einzelnen Individuen mit ihrem Organismus und ihrer Psyche als Umwelten Teil des Kontextes eines spezifischen sozialen Systems. Die sozialen System als kommunikative Interaktionsmuster existieren grundsätzlich auch dann weiter, wenn sich der Kontext (und damit auch die beteiligten Personen) ändert.

Systeme produzieren ihre Elemente und Strukturen selbst

Dieses Phänomen nennt man in der Systemtheorie Autopoiesis. Es besagt, dass, vergleichbar dem menschlichen Körper, der seine Zellen selbst produziert und sich über Fortpflanzung reproduziert, soziale Systeme sich selbst „aus sich heraus und in sich" reproduzieren.

Um dieses (Re-)Produzieren zu ermöglichen, ist Energiezufuhr notwendig, die Art und Weise der (Re-)Produktion wird jedoch ausschließlich durch das System selbst bedingt. Die Möglichkeit einer Energiezufuhr nennt man systemisch energetische Offenheit, die Selbstbestimmtheit in den Verarbeitungsprozessen wird als operationale Geschlossenheit bezeichnet. Es ist also möglich, von außen Impulse für ein soziales System zu setzen. Was dann mit den Impulsen im System geschieht, ist allerdings nicht direkt beeinflussbar. Dieser Effekt basiert auf der nicht-trivialen Struktur von sozialen Systemen.

Veränderung in sozialen Systemen

Um den Status quo eines sozialen Systems aufrechtzuerhalten ist, wie beim menschlichen Körper, die kontinuierliche Zufuhr von Energie notwendig. Anders gesagt: Ohne die Investition von Energie ist der aktuelle Zustand eines sozialen Systems nicht aufrechtzuerhalten. Diese Erkenntnis ist von enormer Bedeutung für das Verständnis von Veränderungsprozessen in sozialen Systemen.

„Von außen" kann es Impulse geben, die zu einer Veränderung des sozialen Systems führen können, aber nicht müssen. Der Status quo eines sozialen Systems existiert deshalb, weil er durch Energiezufuhr aktiv am Leben erhalten wird. Jede Veränderung des Status quo hat daher mit der Veränderung des energetischen Zustands eines sozialen Systems zu tun. Wird die Energiezufuhr reduziert oder erhöht, so ist eine Veränderung des Systemzustandes erwartbar. Kommunikation und Information spielen bei der Veränderung des energetischen Zustandes eines sozialen Systems

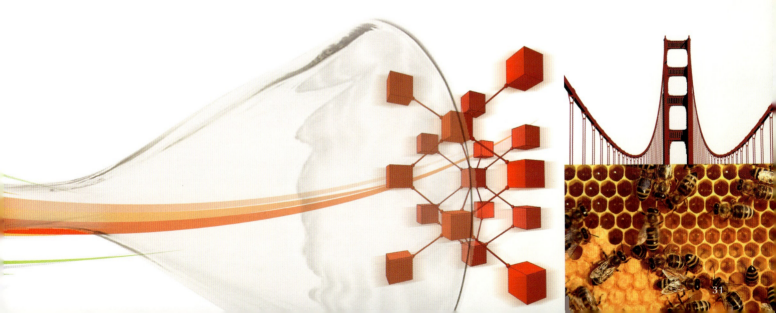

die entscheidende Rolle. Erst das Einbringen neuer oder zusätzlicher Informationen kann eine „Irritation" des Systems auslösen. Diese wiederum ist die Grundlage für eine Weiterentwicklung. Auf Grund der konservativen Struktur sozialer Systeme ist das Vorhandensein eines Leidens- oder Erfolgsdrucks ebenfalls Voraussetzung für einen Veränderungsprozess. Fehlt der Druck, wird das System durch seine selbstreferenzielle Struktur bestrebt sein, den jeweils aktuellen Status quo aufrechtzuerhalten.

Systeme verändern sich stets kontextabhängig

Ereignisse und Phänomene, die im Kontext von sozialen Systemen stattfinden, verändern die internen Strukturen von sozialen Systemen und können somit Auslöser für Veränderungen des Systems an sich sein. Die Reaktion von Systemen auf Impulse erfolgt stets nicht trivial, das heißt abhängig vom jeweiligen Kontext, und ist nicht prognostizierbar. Die Kontextabhängigkeit von sozialen Systemen bewirkt auch, dass derselbe (nicht der gleiche!) Impuls in unterschiedlichen Systemen ganz unterschiedliche Konsequenzen haben kann. Beispiel: Ein Staat erhöht die Steuern auf Arbeit. Davon sind alle in diesem Staat angesiedelten Unternehmen betroffen. Eine Gruppe von Unternehmen zieht Produktionsstätten ab und lässt in billigeren Ländern produzieren, eine andere Gruppe von Unternehmen ist Dienstleister und muss daher vor Ort bleiben, um weiter Leistungen erbringen zu können. Dieser zweiten Gruppe bleibt nur die Erhöhung der Preise oder die Einsparung der Zusatzkosten in anderen Bereichen. Die Reaktion eines spezifischen Unternehmens hängt also unmittelbar von seinem jeweiligen Kontext ab.

Systeme können nicht direkt von außen verändert werden, sie können aber zerstört werden

Die nicht direkte Veränderbarkeit ergibt sich aus der operationalen Geschlossenheit von Systemen. Über die System-Umwelt-Beziehungen können jedoch Impulse zur Veränderung der internen Struktur eines Systems in die Systemwirklichkeit transportiert werden. Werden diese Impulse tatsächlich handlungsleitend, so kann sich eine Veränderung des Systems ergeben, wobei es keinen kausalen, das heißt deterministischen Zusammenhang zwischen Impuls und Systemveränderung gibt. Die Vernichtung von Systemen kann hingegen direkt erfolgen, in dem zum Beispiel die Existenzgrundlage des Systems beseitigt wird oder die Identität eines Systems aufgelöst wird.

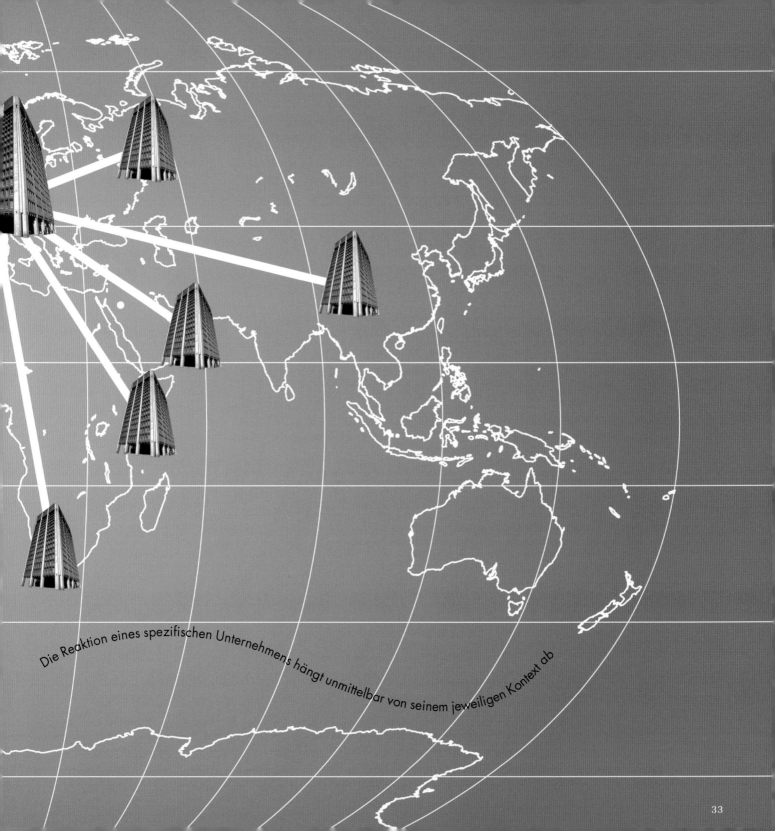

Kapitel 2

Kommunikation

Kommunikation ist Alles – Alles ist Kommunikation!

Kapitel 2

Die Ausbreitungsgeschwindigkeit des Schalls beträgt ca. 340 Meter pro Sekunde

Kommunikation: Wortursprung
» communis = gemeinschaftlich,
» communicare = gemeinschaftlich
» communicatio = Mit-teilung

„Wir können nicht nicht kommunizieren!", Paul Watzlawick

Veränderung und Kommunikation

Veränderungsprozesse haben im Wesentlichen die Veränderung von Wirklichkeiten für die Beteiligten zum Inhalt. Wirklichkeiten entstehen über qualifizierten Diskurs. Das Verändern von Wirklichkeiten setzt daher Kommunikation voraus.

Da zwei oder mehr Kommunikatoren keine Möglichkeit haben, „tatsächlich" zu verifizieren, ob ihre Wirklichkeitsbilder „ident" sind, können sie nur versuchen, über einen intensiven Kommunikationsprozess einen Abgleich zu schaffen. Für die Gestaltung von Veränderungsprozessen ist die professionelle Handhabung der verschiedenen Dimensionen und Ebenen der Kommunikation essentiell.

Aus systemischer Sicht stellt der kommunikative Akt die kleinste Einheit eines Systems dar. Voraussetzung für eine zielgerichtete Kommunikation ist das Vorhandensein minde-

aus dem Lateinischen:

gemeinsam

machen, mitteilen

Non-Verbale Kommunikation

stens zwei Beteiligter, die im selben Sinnzusammenhang interagieren. Befinden sich die Beteiligten eines kommunikativen Aktes nicht im selben Sinnsystem, kann keine gemeinsame Wirklichkeit entstehen. Die Aufrechterhaltung eines sozialen Systems erfordert die aktive Zufuhr von Energie zum Ausbalancieren von Irritationen aus den System-Umwelt-Beziehungen. Die adaptive Verarbeitung von irritierenden Informationen erfolgt innerhalb des Systems durch Kommunikation. Fortgesetzte Kommunikation ist die Grundlage des Weiterbestands eines sozialen Systems, unabhängig davon, ob die Akteure noch dieselben sind.

Was ist Kommunikation?

„Kommunikation ist die erfolgreiche Ausrichtung der Interaktion (mindestens) zweier Menschen auf Verständigung. Erst die wechselseitig vollzogene Bedeutungsvermittlung als Realisierung des konstanten Ziels von kommunikativem Handeln ist Kommunikation. Kommunikation ist somit eine (die wichtigste) Form sozialer Interaktion, des sich gegenseitig aufeinander Beziehens von Menschen. Und nur auf der Basis gelungener Verständigung kann auch die Realisierung der jeweils spezifischen Ziele der am Kommunikationsprozess beteiligten Partner erfolgen."

Matthias Mantz

Wie funktioniert Kommunikation?

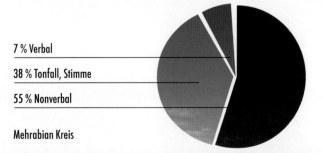

7 % Verbal
38 % Tonfall, Stimme
55 % Nonverbal

Mehrabian Kreis

Kapitel 2

Wozu kommunizieren?

Zum Thema Kommunikation taucht seit den 1970er Jahren immer wieder diese Zahlenfolge auf:

7 – 38 – 55

Nach Albert Mehrabians Untersuchung heißt das, die Wirkung einer Botschaft hängt zu 55 Prozent von der Körpersprache, zu 38 Prozent von der Stimme und lediglich zu 7 Prozent vom Inhalt des gesprochenen Wortes ab.

Wie kam Mehrabian zu seinen Ergebnissen?

Albert Mehrabian, damals Professor an der University of California, Los Angeles, führte folgendes Experiment durch, das er in seinem Buch „Silent Messages" (1971) beschrieb: Ausgebildete Sprecher bzw. Schauspieler lasen eine Reihe von Wörtern mit jeweils unterschiedlicher Betonung – positiv, negativ, neutral – vor, wobei diese auf Tonband aufgenommen wurden. Die einzelnen Wörter hatten jeweils negative, positive oder neutrale Bedeutungen. Danach spielte Mehrabian die Aufnahme anderen Versuchspersonen vor. Diese sollten beurteilen, in welchem Verhältnis der Sprecher zum Empfänger der Botschaft steht.

Die Ergebnisse:
- » Wurden eindeutig positive Begriffe wie „Freude" oder „Sonnenschein" negativ betont, so deuteten die meisten Versuchspersonen die Beziehung des Sprechers zum Empfänger als eher negativ.
- » Umgekehrt kam es zum gleichen Phänomen. Sagten die Sprecher negative Begriffe wie „Diebstahl" oder „Strafe" mit sehr positiver Betonung, so interpretierten die Probanden, dass zwischen dem Sprecher und dem Empfänger eine positive Beziehung bestehe.

Daraus folgerte Mehrabian, dass die inhaltliche Bedeutung eines Begriffes weitaus weniger Einfluss auf die Interpretation als die Betonung habe. Professor Mehrabian führte noch ein zweites Experiment durch. Dabei zeigte er Bilder der Sprecher zu den jeweiligen Aussagen. Darauf machten die Sprecher klare Gesten – entweder für Zuneigung, für Neutralität oder für Ablehnung. Auch hier zeigte sich, dass Mimik und Gestik des Sprechers stärker wahrgenommen werden als der Inhalt der Aussage. Auf Grundlage dieser Ergebnisse legte Mehrabian die Prozentverteilung der einzelnen Kommunikationsanteile oder -kanäle in Bezug auf deren Wirkung auf die zwischenmenschliche Kommunikation fest.

Was können wir daraus für unsere Kommunikation ableiten?

Der rein sachliche Aspekt, hier die inhaltliche Bedeutung, hat viel weniger Einfluss auf die Kommunikation wie die „weichen" oder emotionalen Anteile Stimme und Körpersprache. Erfolgreiche Kommunikation hängt also in hohem Maße von der Stimmigkeit von Inhalt, Stimme und nonverbalen Anteilen ab. Anders formuliert: Stimmen beim Sprecher Worte, stimmliche Qualität und Körpersprache überein, so erhöht sich die Wirkung des Gesagten deutlich. Umgekehrt entstehen bei inkongruentem Auftreten Widersprüche zwischen dem Gesagten und der Art, wie es gesagt wurde. Aus der Sicht des Empfängers geschieht die Bewertung und Zusammensetzung der Signale aus den unterschiedlichen Anteilen zu einer Information in Millisekunden, und dieser Prozess läuft automatisch, ob wir es wollen oder nicht.

Wieso aber bestehen diese Zusammenhänge und was haben diese mit der Entwicklung unserer Kommunikation und Sprache zu tun?

Wir können nicht nicht kommunizieren.

stiiiimmt!

Kapitel 2

Verbal normal – oder doch nicht?

Der Ursprung von Kommunikation

Nach heutigen Erkenntnissen hat die Erde ein Alter von circa 4,6 Milliarden Jahren. Der „Homo erectus" lebte vor circa 2 Millionen Jahren. Mit ihm soll das Sprechen über eine sogenannte „Protosprache" aus Lauten und Gesten, mit der er sich beim Jagen und beim Zubereiten seiner Speisen verständigen konnte, begonnen haben. Die jüngsten Funde des modernen „Homo sapiens" datieren vor 160.000 bis 100.000 Jahren. Der Neandertaler starb vor circa 30.000 Jahren aus; er hatte wie der moderne Mensch ein sehr großes Gehirn und die gleiche Variante des „FOXP2-Gens" in seinem Erbgut. Dieses Gen hat, wie im Oktober 2007 vom Max-Planck-Institut für evolutionäre Anthropologie in Leipzig entdeckt wurde, etwas mit Sprache zu tun – vermutlich mit der Steuerung von Sprachmotorik oder dem Aufbau von Sätzen.

Im Vergleich zum Alter der Erde ist die Existenz des modernen Mensch und somit die Entwicklung von Kommunikation nicht mehr als ein Augenzwinkern. Und bei allen Erkenntnissen bleiben noch immer viele Fragen offen. „Erst seine komplexe Sprache macht den Menschen zum Menschen", so Marc Hauser, Forscher an der Harvard University auf dem Gebiet „Evolingo", der Verbindung von Evolutions- und Sprachforschung. Im Folgenden möchten wir die Sprachentwicklung und unsere Kommunikation unter Berücksichtigung von Fakten und Annahmen untersuchen und logische bis merk-würdige Folgerungen daraus ziehen.

Höhlenmalerei, Tanz und Szenespiel

Mit der Entwicklung des Zusammenlebens in kleineren oder größeren Gruppen hat sich zwangsläufig die Notwendigkeit der Verständigung ergeben. Komplexe Vorgänge wie die gemeinsame Jagd, die Verteilung von Aufgaben oder das Definieren von Regeln mussten mit-geteilt werden. Da der Stimmapparat jedoch lediglich das Produzieren einfacher Laute zuließ und der Mensch zu dieser Zeit über keine komplexe Sprache verfügte, mussten andere Formen der Informationsübermittlung existiert haben.

Eine dieser Formen von Kommunikation oder des sich Mit-Teilens muss eine Bildsprache gewesen sein. Das Erlebte wurde als „Bild" in den Gehirnen gespeichert, um später auf die Wände der Höhle aufgebracht zu werden. Das Denken war und ist in dieser Logik ein visueller Vorgang, denn bevor das Gemälde an die Wand gemalt wurde, musste es im Gehirn entstehen und als Vorlage für die Reproduktion vorhanden sein.

Die Funde der ältesten bekannten Höhlenmalerei wurden 1994 von Jean-Marie Chauvet bei Vallon-Pont-d'Arc an der Ardèche gemacht. Es handelt sich dabei um über 300 Wandbilder, die fast ausschließlich Tiere darstellen und deren Alter auf 33.000 bis 30.000 Jahre geschätzt wird.

Tänze und Spielszenen wurden ebenfalls als Kommunikationsvehikel eingesetzt. So wurden beispielsweise die Jagd und das Erlegen eines Mammuts trainiert, indem dieser Vorgang „gespielt" wurde. Erlebtes und Geschichten wurden mittels Tänzen um das Feuer dargestellt. Auch hier ist das real Erlebte als Bildinformation im Gehirn gespeichert worden, um später durch den Tanz oder die Spielszene kommuniziert zu werden.

Dabei wurden nicht nur reine Sachinformationen übermittelt, wie die Waffe zu gebrauchen ist oder das zu erlegende Tier umzingelt und in die Falle gelockt wird, sondern auch emotionale Zustände wie Angst, Erregung oder Schmerz. Diese rituellen Tänze und theatralischen Darstellungen sind noch heute ein wichtiger Bestandteil des sozialen Gefüges von Urvölkern in der afrikanischen Savanne oder im brasilianischen Regenwald.

Sinnliche Wahrnehmung

Die Entwicklung der Sprache hat ihren Ursprung in sinnlichen Erfahrungen (Sehen, Hören, Riechen, Schmecken, Tasten, Fühlen), die zu inneren Bildern verarbeitet wurden. Diese wiederum wurden über eine visuelle, gestische, körperliche Darstellung zum Ausdruck gebracht.

Kapitel 2

Das Kleinkind fängt an sich über Mimik und Gesten zu Verständigen

So betrachtet sind die Prozentzahlen von Albert Mehrabian nachvollziehbar. Der nonverbale Anteil (55 Prozent) ist wohl deshalb so einflussreich, da er in der Sprachentwicklung der erste und wichtigste Aspekt ist: Malerei, Tänze und Spielszenen sind rein nonverbale Ausdrucksformen.

Interessanterweise lernen wir immer noch nach dem gleichen Muster zu kommunizieren. Der Säugling beginnt sich über Mimik und Gestik sowie Laute zu artikulieren. Schreien bedeutet Hunger oder Unwohlsein. Das friedliche Vor-sich-hin-Gucken drückt Zufriedenheit aus. Eltern lernen recht schnell und intuitiv, die verschiedenen Äußerungen zu deuten. In der weiteren Entwicklung beginnen die Kinder über Nachahmung Gesten und Mimik bewusst als Kommunikationsmittel einzusetzen. Erst mit ein bis eineinhalb Jahren können sie einzelne Worte sprechen und entwickeln erste Drei-Wort-Sätze. Das sinnliche Erfahren der Umwelt spielt dabei eine große Rolle, Gegenstände werden mit den Händen ertastet und in den Mund genommen, um sie zu begreifen. Das Malen und Nachspielen von Eindrücken und Erlebtem ist für Kinder wichtig, um neu Erlerntes zu festigen bzw. Erfahrungen zu verarbeiten. Die Entstehung und Entwicklung der Kommunikation ist also nicht nur ein notwendiges Übel zur Übermittlung von Informationen, sondern ein Grundbedürfnis des Menschen und Grundlage jeglichen Zusammenlebens.

Kunst ist Kommunikation

Kunst befriedigt unser Grundbedürfnis nach Kommunikation in besonderer Weise. Jede Form von Kunst ist ein In-Dialog-Treten. Sei es nun das Konzert (von Klassik bis Pop), die Oper, das Theaterstück oder ein Gemälde. Der künstlerische Ausdruck veranlasst uns als Empfänger, in irgendeiner Weise darauf zu reagieren (oder nicht zu reagieren, was auch eine Reaktion wäre). Wir betrachten das Dargebotene oder lauschen diesem mit erhöhter Aufmerksamkeit. Selbst wenn wir eine ablehnende Haltung dazu haben, verankern sich solche Erlebnisse nachhaltig, da sie, so oder so, zur Interaktion bzw. zum energetischen Austausch führen.

Kunst hat etwas Archaisches, Ursprüngliches – was unter der Annahme der beschriebenen Entstehung von Sprache logisch erscheint. Sie ermöglicht eine ganz direkte Kommunikation, da sie immer innere Bilderwelten vermittelt und eine emotionale Beteiligung des Betrachters oder Zuschauers ermöglicht. So kann sie als kollektives (Konzert, Theaterbesuch) oder individuelles (Buch, Gemälde) Ereignis wahrgenommen werden, und sie ermöglicht zugleich den Austausch auf mehreren Ebenen, zum Beispiel:

» Künstler – Zuschauer
» Zuschauer mit sich selbst
» Zuschauer – Zuschauer
» Kritiker – Künstler
» Zuschauer – Kritiker

Warum ist das so?

Vor jeder künstlerischen Äußerung steht die intensive Auseinandersetzung des Künstlers mit seinem Thema, sowohl kognitiv als auch emotional – die Durchdringung mit allen Sinnen und vor allem mit Bezug zur eigenen Persönlichkeit oder Wirklichkeit. Die so gewonnenen inneren Bilder dienen als Vorlage für die künstlerische Umsetzung: Gemälde, Musikstück, Interpretation eines Textes und so weiter. Der Schauspieler verfügt über ein großes Repertoire an sprachlichen und körperlichen Mitteln, der Maler nutzt die Komposition von Farben und

Formen, der Musiker Tonabfolgen und Rhythmus, der Tänzer die Bewegung. Bei jeder dieser Formen tritt der Künstler in einen intensiven Dialog mit seinem Gegenüber, da er die inneren Bilderwelten des Adressaten zu animieren versteht, indem er die eigenen in bedingungsloser und offener Weise zur Verfügung stellt und damit eine emotionale Beteiligung ermöglicht. Erzählen wir besonders eindrückliche Kunsterlebnisse anderen, geschieht dies meist über die Beschreibung der Gefühle, die wir beim Betrachten des Bildes oder Hören der Musik empfinden. Wir sind also „angeregt" und können so unsere eigenen Assoziationen entwickeln, wir setzen uns in Bezug zu den inneren Bildern des Künstlers, und somit kommunizieren wir indirekt mit dem Künstler selbst.

Sprache ist Kommunikation

Unsere Sprache ist unser wichtigstes Kommunikationsmittel, das wir tagtäglich gebrauchen. In vielen Redewendungen wird die Bedeutung von Sprache hervorgehoben:

» sprachlos sein
» sie hat die Sprache verloren
» ihm hat es die Sprache verschlagen
» mit einer Stimme sprechen

Die Sprache ist nach unserem äußeren Erscheinungsbild die Visitenkarte unserer Persönlichkeit. Sie verrät viel über unsere Bildung, Herkunft, Zugehörigkeit, Haltung. Mit ihr können wir sehr charmant oder auch unhöflich erscheinen, uns als Spezialist auf einem Gebiet hervortun, Menschen berühren oder abstoßen. Sie ist ein – oder unser wichtigstes – Identifikationsmerkmal.

Ohne unsere Sprache sind wir eines bedeutenden Instruments beraubt. Da wundert es, wie sorglos wir oft damit umgehen:

» unbedachte Formulierungen
» unvollständige Sätze
» Abkürzungen
» Überfrachtung mit Fremdwörtern
» Beschränkung des Wortschatzes

Sprache ist ein organisches System, das sich permanent verändert. Wir sprechen heute nicht mehr wie vor hundert Jahren, das ist offensichtlich. Die Entwicklung geht immer rasanter, täglich kommen neue Wörter (Anglizismen, Wortschöpfungen) hinzu, die den aktiven Wortschatz vergrößern, andere hingegen verschwinden und stehen uns nicht mehr zur Verfügung.

Die Flut an Informationen, die wir zu verarbeiten haben, hat Einfluss auf unsere Sprache. Letztlich führt unsere gesellschaftliche und auch wirtschaftliche Entwicklung zu einer Verschiebung von Sprachmechanismen und Sprachwerten.

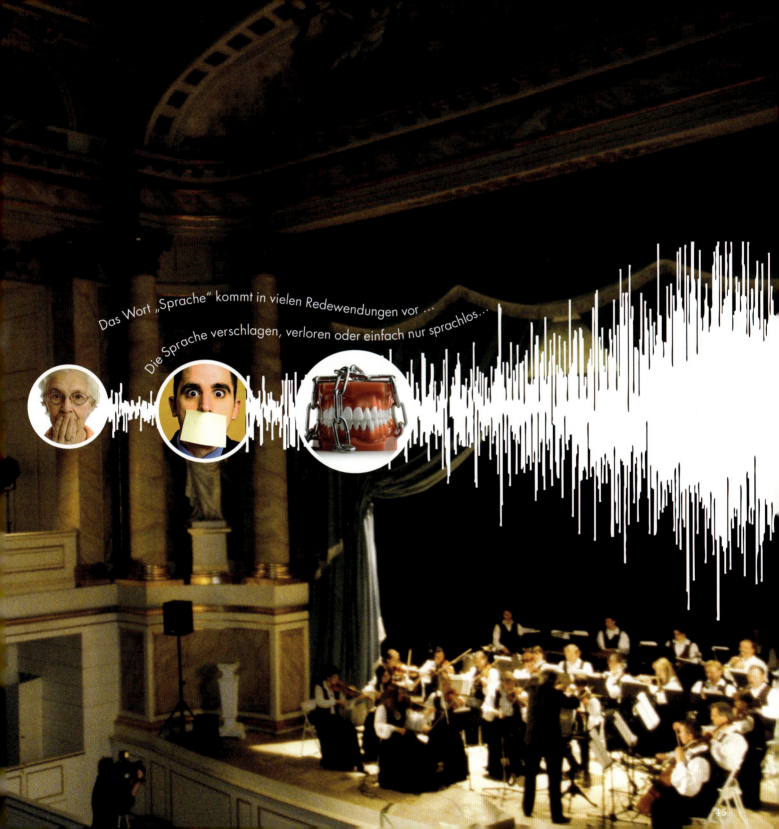

Kapitel 2

Rufen wir nun unsere inneren Bilder zu „Krieg" in unser Bewusstsein:
» Leichen
» verletzte Kinder
» trauernde Mütter
» schreiende Menschen
» zerstörte Dörfer

Unsere inneren Bilder für Liebe:
» ein zärtlicher Kuss oder eine Berührung
» die lachenden Gesichter unser Kinder
» romantische Momente
» glückliche Stunden

Bilder der Sprache – Sprachbilder

Wir machen einen Versuch, um zu verstehen, welche Bedeutung die Bilder der Sprache haben. Hier sind zwei sehr bedeutungsstarke Wörter:

KRIEG   **LIEBE**

Wenn wir die beiden Wörter betrachten oder einfach gesprochen hören, haben sie wohl bei den wenigsten von uns eine eindruckvolle Wirkung. Es sind zwei Wörter, mit denen wir täglich konfrontiert werden, ohne eine innere Beteiligung zu erfahren. Vergegenwärtigen wir uns jedoch unsere inneren Bilder für Krieg und Liebe, sensibilisieren wir uns für deren Bedeutung. Wie eindrucksvoll der Wort-Bild-Kontext wirkt, verdeutlicht die bewusste Verschiebung der Bedeutungen: Mit unseren inneren Bildern haben wir eine emotionale Beteiligung, ein Gefühl zu dem Wort „Krieg" oder „Liebe", wir be-greifen dieses Wort, es wird zu einem Begriff – zu einem Bild der Sprache. Unter Einbeziehung eines Gesprächpartners sind wir in der Lage, ein gemeinsames Sprachbild zu entwickeln und auszutauschen.

Entemotionalisierte Sprache verzichtet ganz gezielt auf diese inneren Bilder der Sprache und verhindert somit die Entstehung eines gemeinsamen Sprachbildes. Bei der Verwendung der inneren Bilder der Sprache verändert sich auch das Sendungsbewusstsein des Senders. Sprache dient dann nicht mehr zur bloßen Übermittlung des Informationsgehalts, sondern vermittelt Inhalt.

Der Empfänger der Botschaft wird ebenfalls emotional beteiligt, da er unterbewusst das innere Bild des Senders empfängt und visualisieren kann. Der Abgleich der Bilder von Sender und Empfänger führt schließlich zu einem gemeinsamen Sprachbild, zu einer gemeinsamen Sprache und letztlich einer gemeinsamen Wirklichkeit.

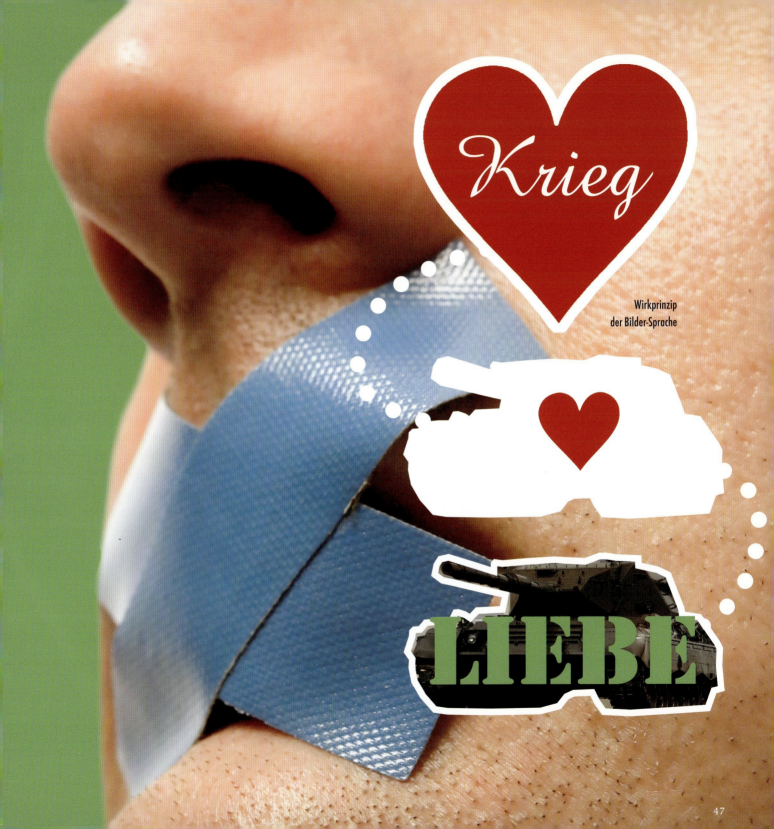

Kapitel 2

Sprache ist Veränderung

Bereits in den 1990er Jahren entbrannte eine Diskussion über den Niedergang der Sprache, im Sinne von Inhaltslosigkeit. Der Begriff der Worthülsen wurde populär. Sprachliche Verwahrlosung und Werteverfall wurden an der Sprache festgemacht. Das Zitat aus Goethes Faust lässt vermuten, dass dieses Phänomen schon sehr lange existiert. Sprache unterliegt einer permanenten Entwicklung oder Veränderung, je nach Standpunkt. Denken wir an die Diskussion um die Rechtschreibreform oder an die alljährliche Suche nach dem Unwort des Jahres.

Sprache im gesellschaftlichen Kontext

Jede Generation hat ihre eigene Jugendsprache entwickelt, was die vorhergehende immer als den Untergang des Abendlandes gewertet hat. Das Abendland ist nicht untergegangen und auch die Jugend von heute hat ihre ganz eigene Sprache – und wir wollen eine Wertung unterlassen. Jede Gruppe neigt dazu, sich durch eine eigene Sprache von anderen abzugrenzen oder abzuheben. Das sind ganz natürliche Vorgänge. Jedoch hat die rasante gesellschaftliche und wirtschaftliche Entwicklung der vergangenen hundert Jahre tiefe Spuren in unserer Sprache – oder Sprachlosigkeit – hinterlassen.

Der Zugriff auf Informationen aller Art durch die Medien und insbesondere durch das Internet führt zu einer Art Überforderung und Abstumpfung. Nachrichten, Berichte, Artikel und so weiter werden kaum mehr als Wissensquelle, sondern vielmehr als Belastung wahrgenommen. Negative wie positive Informationen werden nicht mehr aufgenommen, sondern ziehen mehr oder weniger an uns vorüber.

» Was ist eine relevante Information?
» Worauf konzentriere ich mich?
» Welche Information ist für mich wichtig?
» Wie kann ich filtern?

Der Entscheidungsprozess überlagert den eigentlichen Sinn, nämlich das Sich-Auseinandersetzen mit neuen Eindrücken, um den eigenen Erfahrungs- und Wissenshorizont zu erweitern, um umfassend ge-bildet zu sein. Vielmehr sind wir damit beschäftigt, uns auf sichere Inseln, Spezialgebiete zu konzentrieren, und nicht mehr bereit bzw. in der Lage, über den Tellerrand hinauszublicken.

Das aber ist eine entscheidende Voraussetzung von Kreativität. Wenn so viel Wissen oder Information über die Sprache transportiert werden muss, kann einerseits der Sender dieser Information nur deren Gehalt, sozusagen die Menge, weitergeben und der Empfänger eben nur diese Menge aufnehmen, nicht aber deren Inhalt. Eine solche Sprache wird emotionsleer oder entemotionalisiert. Es ist kein Bezug mehr zu den eigenen inneren Bildern gegeben.

Dahinter liegt eine Art Schutzfunktion oder Nutzen. Nähmen wir alle uns angebotenen Nachrichten mit einer emotionalen Beteiligung auf, würden wir sicherlich nicht mehr in der Lage sein, unser tägliches Leben zu meistern. Die ständige emotionale Beteiligung würde uns höchstwahrscheinlich in den Irrsinn treiben. Wir nehmen in Kauf, nicht mehr beteiligt zu sein, um uns auf „wichtige" Dinge zu fokussieren bzw. nicht permanent betroffen zu sein.

Kapitel 2

Sprache im wirtschaftlichen Kontext

Die Anforderungen an die Menschen in Unternehmen haben sich drastisch verändert. Der individuell empfundene Druck nimmt mehr und mehr zu, komplexe Aufgaben müssen in noch kürzerer Zeit erledigt, viele Entscheidungen ad hoc gefällt werden .

Je komplexer der Arbeitskontext, desto reduzierter ist die Sprache. Da die Vermittlung des Informationsgehalts im Vordergrund steht, ist die Reduzierung auf eine sachliche Ebene folgerichtig. In technischen Berufsfeldern ist eine solche Sprache sinnvoll, die Verwendung von Abkürzungen, die klar definiert sind, erspart lange Erklärungen. Abkürzungen und Fachvokabeln sind hilfreiche Konventionen, um zeitsparend einfache Informationen zu transportieren. Es wird bewusst auf eine emotionale Sprache verzichtet, da der reine Sachverhalt übermittelt werden soll.

Die meisten großen Unternehmen werden von bestellten und kontrollierten Managern gesteuert. Das moderne Management fokussiert meist auf kurzfristige Ziele. Langfristige Strategien werden nicht angestrebt, da die bestehenden Verträge in der Regel eine kurz- bis mittelfristige Laufzeit haben. Das bedeutet, dass sich der Erfolg des Unternehmens ausschließlich an schnell ablesbaren, messbaren Ergebnissen – Zahlen, Daten, Fakten – orientiert. Werden die gesteckten Ziele nicht erreicht, gibt es einen Wechsel in der Position.

Ein solches Klima führt zwangsläufig dazu, die eigene Aufgabe so perfekt, aber eben auch so risikolos wie möglich zu erledigen. Denn bei Misserfolg droht der Karriereknick oder der Verlust des Jobs. Insofern ist es verständlich, wenn Führungskräfte versuchen, Konsequenzen von Misserfolg abzuwenden. Sie ziehen sich in ihre Komfortzone zurück, festigen ihre erreichte Stellung, agieren aus der sicheren Warte der „defensiven Perfektion". Diese Haltung produziert eine Sprache der distanzierten Sachlichkeit. Die Distanzierung ist die Abkopplung der Sprache von den eigenen inneren Bildern, um eine emotionale Beteiligung zu verhindern – sowohl beim Sender als auch beim Empfänger. Solange reine Sachinformationen transportiert werden, mag das noch angehen. Wenn nun aber „negative" Informationen, die über einen reinen Sachgehalt hinausgehen, wie beispielsweise bevorstehende Einsparungen, in gleicher Weise kommuniziert werden, führt dies zwangsläufig zur Katastrophe. Der Empfänger wird mit einer scheinbar „sachlichen" Information konfrontiert, die eine starke innere Beteiligung hervorruft, die er mit den nicht gelieferten Bilderwelten des Senders unmöglich abgleichen kann. Der Sender entzieht sich bewusst dem Zugriff der Sprache, dem Begriff des Wortes, den zugrunde liegenden Bildern der Sprache, um – so die Strategie – nicht an-greifbar zu sein.

Den Empfänger einer solchen entemotionalisierten Botschaft trifft das jedoch doppelt schwer: die Botschaft an sich und gleichzeitig die Missachtung seiner emotionalen Situation. In diesem Vakuum verkehren sich Gefühle wie Betroffenheit, Verunsicherung, Angst umgehend in Ablehnung, Wut und nicht selten in Hass. Eine Kommunikation ist nicht mehr möglich. Der Abbruch von Kommunikation ist das Ende zwischenmenschlicher Interaktion und somit des Erzeugens einer gemeinsamen Wirklichkeit.

Kommunikation in Unternehmen

Neben der sprachlichen Ebene, die sicherlich ein zentraler Punkt ist, wird in Unternehmen auf die vielfältigste Art kommuniziert. Das Klima, die Unternehmenskultur lässt sich an unterschiedlichsten Aspekten festmachen. Das geschieht teils bewusst, oft auch unbewusst oder unbemerkt.

» Das Firmengebäude und die Gestaltung von Eingangsbereich, Fluren und Büros sind bewusste Aussagen oder Signale, die ein Unternehmen trifft bzw. sendet. Es lassen sich Eigenschaften wie Offenheit, Transparenz, Wertigkeit, Tradition oder Moderne vermitteln.

» Die Marken und Typen der Firmenfahrzeuge sind vielsagend. Wer welches Fahrzeug fährt, gibt Auskunft über die Stellung innerhalb des Unternehmens.

» Lage, Größe und Ausstattung von Büroräumen zeigen hierarchische Verhältnisse auf, sind die modernen Insignien der Macht. Es macht einen Unterschied, ob jemand an einem kleinen Schreibtisch im Großraumbüro sitzt oder im obersten Stockwerk ein eigenes Büro über die gesamte Etage hat, mit Panoramablick und eigenem Besprechungsbereich.

Es erzählt aber auch etwas über die Kultur des Unternehmens, ob solche Unterschiede gemacht werden oder eben nicht. Es wäre sicherlich ein merkwürdiges Signal, wenn im Unternehmen eine flache Hierarchie gepredigt und die oben beschriebenen Unterschiede gelebt würden.

Besonders interessant ist, das Augenmerk auf die beiläufige Kommunikation untereinander zu legen. Ist die Begrüßung am Morgen etwas Selbstverständliches, der Smalltalk ein Mittel, um eine angenehme Atmosphäre zu unterstützten, oder als unnütze Zeitfresserei verpönt? Ist im Unternehmen die Anrede auf eher persönliche Art (Du) oder distanziert (Herr/Frau)? Gibt es gar Unterschiede zwischen verschiedenen Abteilungen oder Führungsebenen? Über solche Beobachtungen lassen sich aufschlussreiche Informationen sammeln, wie die innere Struktur und Kultur eines Unternehmens beschaffen ist.

Rituale und Sinnbilder

Welche Wirkung und Bedeutung alltägliche Kommunikationsformen auf die Unternehmenskultur haben, wird durch rituelle Handlungen besonders deutlich. Wir beobachten folgende Szene: Vor dem Beginn einer Führungskräftetagung sehen wir eine Gruppe Teilnehmer am Portal eines Schlosses stehen. Die Wahl dieses exklusiven Veranstaltungsortes scheint die Bedeutung der Tagung zu unterstreichen. Einige der Umherstehenden rauchen, andere unterhalten sich angeregt. Die Tagung hat entweder noch nicht begonnen oder man wartet noch auf etwas oder jemanden.

Plötzlich kommt Unruhe in die Gruppe, das Rauchen wird eingestellt, die Gespräche verstummen. Es fährt eine Limousine vor, im Fond sitzt ein Mann, der die Wartenden (bewusst) nicht wahrnimmt. Der Chauffeur steigt aus, geht

Stellenwert der Kommunikation

Kapitel 2

Schach: Jede Figur hat eine bestimmte Aufgabe und eine eindeutige Position

um den Wagen, öffnet die Tür. Der Mann steigt aus, bleibt stehen. Die Wartenden blicken ihn an. Der Chauffeur geht noch eine Runde um den Wagen, um die Tasche zu holen, die er dem Fahrgast mit einer Verbeugung überreicht. Der Mann nickt bestätigend und tritt durch das Spalier der Wartenden, die ihm in einer scheinbar einstudierten Choreographie in das Innere des Schlosses folgen. – Diese Szene entstammt nicht einer Erzählung oder aus einem Film, sondern hat sich tatsächlich so ereignet.

Für alle Beteiligten, Beobachter und Akteure, wird durch diese rituelle Handlung sofort klar:
» Wer hat welche Rolle und Position inne?
» Was wird von dem jeweiligen Rollenträger erwartet?
» Wie sind die Machtverhältnisse der Rollenträger untereinander?

Eine stark identitätsstiftende Symbolik, die zugleich die bestehende Kultur untermauert und bestätigt. Sie vermittelt Sicherheit, da alle Beteiligten genau wissen, was ihr Part ist. Allerdings erfordert das einen enormen Energieaufwand. Im

Das System der hierarchischen Führungskultur – Machtverhältnisse werden aufgezeigt

konkreten Fall braucht es viele Akteure, um die vorhandenen Strukturen darzustellen, und erst durch die permanente Wiederholung wird diese auch aufrecht erhalten.

Kommunikation in Veränderungsprozessen

Wenn sich Wirklichkeit ändert, ändert sich Kommunikation – und vice versa. Der bewusste Einsatz von Kommunikation unterstützt und befördert Veränderungen. Insofern müssen bei der Planung von Veränderungsprozessen nicht nur die Kommunikationsstrukturen berücksichtigt werden, sondern ebenso die Art und Weise der Kommunikation.

Der bewusste Umgang und Einsatz kann den Prozess unterstützen und befördern. Wenn sich Kommunikation ändert, ändert sich Wirklichkeit – was impliziert, dass das Nichtgelingen oder Abbrechen von Kommunikation zum Scheitern führen wird. Eine regelmäßige Überprüfung der kommunikativen Qualität unter Berücksichtigung der in diesem Kapitel beschriebenen Mechanismen garantiert die Aufrechterhaltung der Interaktion, die wiederum Voraussetzung für das Erschaffen gemeinsamer Wirklichkeiten ist. Ähnlich wie der Lauf einer Kugel auf einer Schrägen, die durch gezielte Impulse in ihrer Laufrichtung beeinflusst wird, kann der Fortgang von Veränderungen mittels kommunikativer Impulse gesteuert werden.

Emotionale Beteiligung

Gradmesser der kommunikativen Qualität ist dabei die Intensität, mit der die an dem Prozess Beteiligten bzw. die davon Betroffenen emotionalisiert werden können oder eine Emotionalisierung erfahren.

Dies leisten Kommunikationsformen, die innere Bilder liefern und für den Adressaten greifbar werden. Der Einsatz von künstlerischen Ausdrucksformen wie Musik, Theater, Malerei etc. hilft dabei, Inhalte zu verdichten und erlebbar zu machen. Erst durch die emotionale Beteiligung ist ein intensiver und nachhaltiger Diskurs möglich.

Kapitel 3

Emotionale Kompetenz

Vom Reden zum Handeln

Kompetenz für Veränderungsgestaltung

Veränderungen sind mit einer enormen Emotionalisierung verbunden, die sich in Gefühlen wie Angst, Abwehr und Frust manifestieren. Analyse und Bearbeitung von Veränderungsprozessen werden typischerweise auf der rationellen und strukturellen Ebene verhandelt. Die emotionale Ebene, mit ihrem ungeheuren energetischen Einfluss, wird dabei meist ignoriert. Das Verständnis für diese emotionalen Prozesse ist eine grundlegende Voraussetzung, um aktiv eingreifen zu können. Situationsbezogene Wahrnehmung, emotionale Ansprache und analoge Intervention werden im Folgenden einer näheren Betrachtung unterzogen.

Emotionale Wahrnehmung und sachliche Perspektive

Das Gegenteil von emotional ist rational. Also in diesem Zusammenhang eine rationale Sichtweise. In den meisten Unternehmen herrscht eine Fokussierung auf ein bestimmtes Wahrnehmungsmuster vor: Alles Denken, Handeln und Agieren basiert auf sachlichen und faktischen Grundlagen. Diese Rationalisierung ist oberstes Gebot, eine Handlungs- und Entscheidungsmaxime. Jede Aufgabenstellung, Ergebnisse und Erkenntnisse müssen logisch begründbar und faktisch verhandelbar sein. Eine solche Wahrnehmung beeinflusst unser Denken und Handeln und letztlich auch die Art und Weise unserer Kommunikation, wie bereits im vorigen Kapitel beschrieben.

Aus der Darstellung des sogenannten „Eisbergmodells" von Ruch und Zimbardo (1974), das auf Erkenntnissen von Sigmund Freud beruht, kennen wir die 20/80-Regel:

Bei einem Eisberg sehen wir nur die Spitze, die aus dem Wasser ragt, der größere Teil ist unter der Oberfläche. Wenn wir nun mit unserem Boot sicher um den Eisberg manövrieren möchten, sind wir gut beraten, einen größeren Bogen zu fahren, da wir nicht erkennen können, ob unter der Wasseroberfläche noch gefährliche Spitzen des Eisbergs unseren Rumpf aufreißen können und letztlich das Boot zum Sinken bringen. Dem können wir entgehen, wenn wir Sensoren wie beispielsweise ein Sonar einsetzen, um unter die Oberfläche zu blicken und die unsichtba-

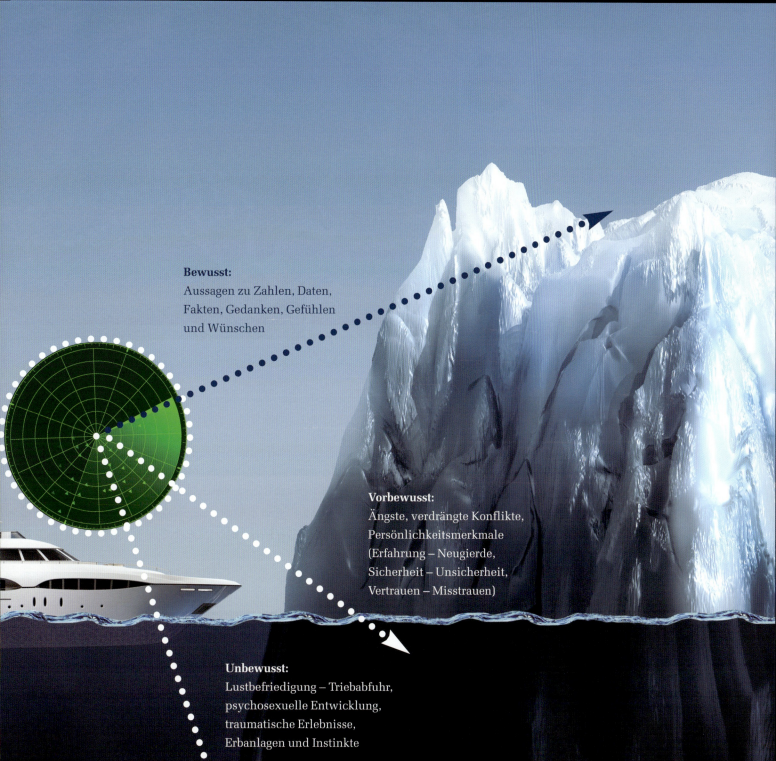

Kapitel 3

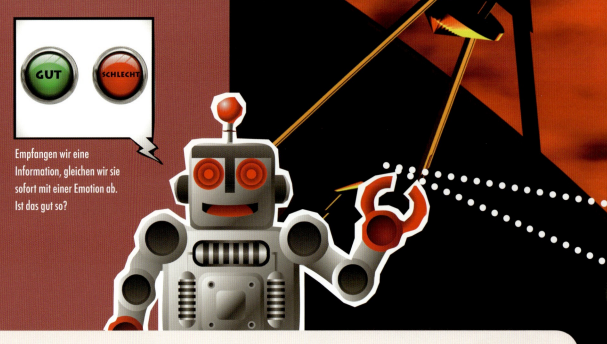

Empfangen wir eine Information, gleichen wir sie sofort mit einer Emotion ab. Ist das gut so?

ren Ausläufer des Eisberges sicher zu umschiffen. Das gleiche Prinzip gilt auch für unsere Kommunikation. Wann immer wir mit anderen in Interaktion treten, gilt das Prinzip des Eisbergs. Der sichtbare Teil steht hier für die Sachebene (20 Prozent), der größere, unter Wasser liegende, Teil symbolisiert unsere Emotionen (80 Prozent).

Als Empfänger von Informationen unterliegen wir diesem Mechanismus. Das heißt, wir nehmen die rein faktischen Inhalte auf und gleichen sie im selben Moment auf der emotionalen Seite mit unseren Werten, Normen, Erfahrungen etc. ab. Es gilt daher, sich nicht auf die sichtbaren Elemente wie Zahlen, Daten und Fakten zu verlassen, denn ein rein sachlicher Austausch ist Utopie, da alles auch immer emotional bewertet wird. Und eine erfolgreiche Kommunikation kann nur gelingen, wenn wir unsere Sensoren für die Signale aus der Tiefe aktiviert haben.

Obschon das keine grundlegend neuen und umwälzenden Erkenntnisse sind und diese manchem geneigten Leser schon lange bekannt sein werden, überrascht es doch immer wieder, wie sehr sie in der Praxis übergangen werden. Es soll hier keine Bewertung im Sinne von „gut" und „schlecht" vorgenommen werden, sondern das Bewusstsein für diese Mechanismen geschärft werden – der scharfe Verstand ist eine allgemein positiv bewertete Kompetenz, wie steht es aber mit der emotionalen Kompetenz? Wie auch immer – fest steht, beides, Ratio und Emotion, stehen in einem direkten Zusammenhang und beeinflussen sich gegenseitig. Was die Vermutung nahe legt, dass letztlich wir selbst entscheiden können, auf welchen Ebenen wir denken, handeln und agieren.

Emotionales Agieren

Der Vorteil und Nutzen einer rationalen Perspektive ist verständlich: Erstens ist es eine weitverbreitete Konvention in Unternehmen, Themen ausschließlich auf der sachlichen Ebene zu betrachten und zu verhandeln. Zweitens lässt sich die Flut von Informationen, insofern sie rein faktischer Natur sind, wie zum Beispiel Bilanzen, Aufstellungen, Pläne, effektiv und zielgerichtet verarbeiten.

Überdies wird man als Rationalist viel schneller in der Rolle des Managers akzeptiert und geachtet, da dies dem allgemeinen Bild eines solchen entspricht. Wer ordentliche Zahlen vorweisen kann, macht einen guten Job.

Kapitel 3

Managen heißt aber – nach dem lat. Wortstamm Manus agere – die Hand führen, handhaben, geschickt bewerkstelligen, also zu handeln, aktiv zu sein. Wie aber soll ein Manager, umgeben von starren Strukturen flexibel handeln können?

Das führt schleichend dazu, dass man sich mehr und mehr auf eine sichere Insel von Fakten rettet. Denn kein Manager möchte angreifbar sein, Fehler machen bzw. zugeben müssen, welche gemacht zu haben. Der Rückzug in die Komfortzone oder das Reich der defensiven Perfektion ist eine gern gewählte Option. Quasi ein Rückzugs-Ort mit Haus, Baum, Bank und einem Zaun rundherum. Sicherlich eine gute Strategie, die eigene Position zu sichern, den errungenen Status zu behaupten. Sich hinter den Zahlen, Daten und Fakten einzunisten.

Aus der Natur wissen wir, dass die erfolgreichste Überlebensstrategie die der schnellen, flexiblen Anpassung ist. Nicht etwa der Stärkere, sondern der, der sich den verändernden Gegebenheiten anpassen kann, überlebt. Verändern heißt: sich spontan auf neue Situationen einstellen, flexibel reagieren, Um-denken, gewohnte Verhaltensweisen aufgeben, andere Perspektiven einnehmen – das kann nur dem gelingen, der bereit ist, die selbst gesetzten Grenzen zu überschreiten.

Um bei dem Bild von Haus, Baum, Bank und Zaun zu bleiben, bedeutet das, durch die Zaunpforte zu schreiten, um das unbekannte Neuland zu betreten. Die Reaktionen auf emotionale Sichtweisen und Äußerungen im Unternehmenskontext reichen von völligem Unverständnis über Verunsicherung bis hin zu Ignoranz. Die Meinung, dass Gefühle nichts im Job zu suchen hätten, ist immer noch weit verbreitet. Dahinter steckt die These, Berufliches und Privates strikt zu trennen – privat können und dürfen wir demnach emotional sein, nicht aber im beruflichen Kontext. Eine bedenkliche Haltung, sind doch Spaß, Freude, Motivation, Engagement und Hingabe ebenso auf der emotionalen Ebene angesiedelt.

In Krisen und Konflikten sind wir besonders von unseren Gefühlen gesteuert. In diesen Situationen können wir sowohl die destruktive als auch die konstruktive Kraft der Emotionen erleben. Sei es das ermattete Aufgeben oder das aufbäumende Kämpfen, beides sind mögliche Optionen und es ist ganz von unserem emotionalen Zustand abhängig, welche wir wählen.

Hier wird eigentlich der „kühle Verstand" gebraucht, um die Situation zu analysieren, der nur dann in Aktion treten kann, wenn das „Überreagieren" eingedämmt wird, um wieder handlungsfähig zu sein.

„Bei uns selbst sein" können wir nur, wenn es gelingt, die Gefühle zu kanalisieren. Was nicht gleichbedeutend mit Unterdrücken ist, im Gegenteil. Gerade in Konfliktsituationen ist es sehr wichtig, die eigenen Motive und Antriebe zu erkennen wie auch die der anderen. Erst dann ist es möglich, bewusst zu agieren und zu reagieren.

Verändern heißt: sich spontan auf neue Situationen einstellen, flexibel reagieren, Um-denken, gewohnte Verhaltensweisen aufgeben, andere Perspektiven einnehmen!

Kapitel 3

Wohin bringt uns Veränderung? Die Reise ins Unbekannte kann beginnen!

Emotionale Ansprache

Bei Veränderungsprozessen bewegen wir uns immer im Spannungsfeld zwischen rationaler Sichtweise und persönlicher emotionaler Betroffenheit. Veränderung löst meist Widerstand, Verunsicherung, Angst und Abwehr aus. In den seltensten Fällen wird die Veränderung als Chance begriffen, neue, vielleicht erfolgreichere, Wege zu gehen. In solchen Situationen haben die Bewahrer und Bedenkenträger Hochkonjunktur – umso mehr, je absurder und irrationaler ihre Argumente sind. Hier greift das Phänomen der Mythenbildung und der Opferhaltung.

Typische Aussagen sind:
» „Die da oben … wir sind nur kleine Räder …"
» „Wir können da nichts machen …"
» „Ihr werdet schon sehen, was noch alles auf uns zukommt …"
» „Ich habe ja schon immer gewusst, dass …"

Und so weiter. Interessant dabei ist, dass es den Bedenkenträgern gelingt, die emotionale Situation der Betroffenen aufzugreifen, zu bestätigen und zu verstärken. Keiner ist mit seinen Emotionen alleine, sondern findet eine Gruppe von Gleichgesinnten – und Bedenken, die nicht belegbar sind, lassen sich wesentlich leichter vertreten als Thesen, die ein Verlassen des eigenen Standpunktes (der eigenen Komfortzone) zur Folge hätten.

Veränderungen implizieren nach dem systemischen Ansatz immer auch eine Verschiebung im Energiegefüge des Gesamtsystems. Aus analoger Sicht sind Emotionen Energieteile. Sie können positiv oder negativ geladen sein. Eine Eigenart ist, dass sie meist reaktiv sind, das heißt auf ein bestimmtes Ereignis hin auftreten und das oft unerwartet. Je nach Ladung können sie bisweilen eine sehr destruktive Wirkung entfalten oder eben als energetische Kraft nutzbar werden. Verändern heißt, Menschen mitzunehmen auf eine Reise, ein Abenteuer. Sie für das Unbekannte, für Ideen, Visionen, Herausforderungen zu begeistern. Vor allem aber Vorbehalte, Ängste und Widerstände zu beobachten, zu verstehen und zu verändern.

Emotionale Ansprache heißt in diesem Sinne, die persönliche Betroffenheit der Beteiligten wahrzunehmen und zuzulassen. Und vor allem adäquat darauf zu reagieren. Wichtig ist zu verstehen, dass es sich bei Organisationen um nicht triviale Systeme handelt, die bei Zufuhr bestimmter Energie ein genau definiertes Ergebnis liefern. Emotional kompetent ist demnach das spontane und situationsbezogene Agieren und Reagieren – Improvisation im besten Sinne. Improvisation ist der spontane praktische Gebrauch von Kreativität zur Lösung von Problemen. Kreativität bedeutet wiederum: Gedanken, die normalerweise nichts miteinander zu tun haben, schöpferisch zu etwas völlig Neuem zusammenzufügen. Das sind keine Fähigkeiten, die nur wenigen Talenten vorbehalten sind, Jeder von uns trägt sie in sich – der eine mehr, der andere weniger. Der Zugang zu diesen Ressourcen fällt den meisten schwer, was wiederum mit der Fokussierung auf das Sachliche zu erklären ist. Es ist auch eine Frage des persönlichen Mutes, sich darauf einzulassen.

Betrachten wir den Begriff „Mut" einmal näher:
Mut ist eine psychische Gestimmtheit, die zu unerschrockenem, überlegtem Verhalten in gefährlichen Situationen – besonders bei Bedrohung – führt; entspringt u. a. dem Selbstbehauptungs- und Selbstwertgefühl (auch dem Geltungsbedürfnis) und dem Kraft- und Machtgefühl (auch der Ohnmacht als Mut der Verzweiflung). (Quelle: Meyers Lexikon online)

Kapitel 3

Mut zum Tapetenwechsel!

Mut, Gemütsstimmung, welche sich durch die Vorstellung drohender Gefahren nicht schrecken lässt, sondern vielmehr durch dieselbe zu energischer Gegenwehr und tapferem Entgegengehen befeuert wird, also das Gegenteil der Feigheit.

Psychische Gestimmtheit, Gemütsstimmung sind starke emotionale Begrifflichkeiten mit enormer energetischer Ladung. Besonders wird diese Fähigkeit in gefährlichen oder bedrohlichen Situationen benötigt, also immer dann, wenn wir Unbekanntem oder völlig Neuem begegnen.

Mut strahlt nach außen und kann andere anstecken, mitreißen. „Dem Mutigen gehört die Welt" lautet ein Sprichwort. Mut braucht es um neue Wege zu gehen. Mut braucht es auch bei Veränderungen, den Mut und die Unterstützung aller am Prozess Beteiligten.

Umgang mit Emotionen

Im vorigen Kapitel war die Rede von emotionaler Sprache. Sie ist ein Baustein der emotionalen Ansprache. Um Denkmuster aufzubrechen und Barrieren abzubauen, sind gezielte Interventionen nötig. Intervention bedeutet dazwischentreten, sich einschalten, in bestehende Zusammenhänge eingreifen. Intervenieren heißt hier das bewusste Aufgreifen und Bearbeiten der emotionalen Ist-Situation. Dazu gehört die offene Kommunikation der vorhandenen, aber nicht geäußerten Ängste, Widerstände und Bedürfnisse. Dies kann von den Betroffenen selbst nicht geleistet werden, da die emotionale Verhaftung zu stark ist. Werden sie aber beispielsweise zu Zuschauern ihrer eigenen Situation, erhalten sie Gelegenheit, von einem definierten Standpunkt zu reflektieren. Dieses Vorgehen bietet zwei entscheidende Vorteile:

» Wertschätzung – die Betroffenen werden mit ihren Gefühlen „ernst" genommen.
» Einbindung – die Reflexion der eigenen Lage ist ein erster Schritt hin zur Problembehandlung.

In einem weiteren Schritt könnten sie nun durch die Beteiligung an einen kreativen Vorgang (Malen eines Bildes o.Ä.) Teil des Prozesses werden und so die Inhalte spielerisch „begreifen" und selbst Lösungsansätze finden. Ziel ist es, über solch „analoge" Zugänge die emotionalen Energien zu kanalisieren, den Blickwinkel zu ver-rücken, Humor zu zulassen, Kommunikation auf mehreren Ebenen möglich zu machen und letztlich Akzeptanz zu sichern. Die Aufrechterhaltung von Kommunikation ist Vorraussetzung für die Gestaltung von Veränderung. Einsatz und Spielarten der analogen Interventionen wird im nächsten Kapitel und darauffolgend anhand von Praxisbeispielen näher beleuchtet.

Kapitel 4

Interventionsdesign und Interventionstechniken

Veränderungen aktiv gestalten

Kapitel 4

Das Bedürfnis nach Sicherheit kann viele Formen annehmen

Phänomene und Wirkungen von Veränderungen

Veränderungen sind in der Natur der normale Zustand. Stabile Situationen sind entweder atypische, kurzfristig haltbare Ausnahmezustände oder gleichbedeutend mit dem Tod. Soziale Systeme haben als autopoietische Strukturen eine konservative Grundhaltung, die darauf abzielt, das System stets neu zu reproduzieren und vorhandene Strukturen aufrechtzuerhalten.

Dazu ist Energieeinsatz notwendig; die Beibehaltung des Status quo bedarf immer einer Energiezufuhr. Verändert sich das Niveau der Energiezufuhr, so ist auch eine Veränderung des Systemzustands bzw. seiner Strukturen zu erwarten. Ebenso verlangen Veränderungen im Kontext des betrachteten sozialen Systems nach Veränderungen der Energiezufuhr, um wiederum bestehende Strukturen aufrechtzuhalten. Um Veränderungen in einem System verstehen zu können, müssen also die Art und Weise der Energiezufuhr, die inneren Strukturen sowie die Kontextsituation des Systems analysiert werden.

Keine Veränderung ohne Handlungsdruck

Veränderungen in sozialen Systemen geschehen nur, wenn es einen Handlungsdruck gibt. Dieser kann aus Leidensdruck oder Erfolgsdruck bestehen, ist aber in jedem Fall notwendige Voraussetzung für Veränderungen, da ohne Anlass das System zur Reproduktion der vorhandenen Strukturen tendiert. Entsteht aus dem System heraus kein Handlungsdruck, so kann dieser durch externe Impulse hervorgerufen werden. Allerdings kann der Handlungsdruck dann auch wieder ausschließlich vom System selbst als Reaktion auf den Impuls erzeugt werden.

Die handelnden Personen in einem sozialen System reagieren auf Veränderungsdruck unterschiedlich. Sehr häufig haben Menschen aber Befürchtungen oder Angst vor dem Neuen. Veränderungen bedeuten für Menschen die Auseinandersetzung mit Unbekanntem. Dies erleben viele Menschen als bedrohlich, da Unbekanntes auch Risiko und damit mögliche Bedrohung bedeutet. Ausgehend von den drei grundlegenden philosophischen Identitätsfragen
» Wer bin ich?
» Woher komme ich?
» Wohin gehe ich?
entwickeln Menschen in Veränderungsprozessen verschiedene Haltungen und Bedürfnisse und handeln entsprechend.

Sicherheitsbedürfnis

Sicherheit ist in der Regel „besser" als Unsicherheit. Mehr Sicherheit wird weniger Sicherheit vorgezogen. Daraus entsteht beinahe zwangsläufig eine Aversion gegen Veränderungsprozesse, in denen unbekannte Situationen mit unsicherem Ausgang auftreten können. Gerade beim Sicherheitsbedürfnis ist das Phänomen der Relativität besonders interessant. Was jemand als unsicher, bedrohlich oder gar gefährlich empfindet, ist für jemand anderen vielleicht ganz alltäglich – und umgekehrt.

Bei Veränderungsprozessen in sozialen Systemen ist daher ein gutes „Austarieren" der verschiedenen Sicherheitsbedürfnisse der beteiligten Personen besonders wichtig für die Erlangung der Bereitschaft zu jenen Schritten, die für die Veränderung gegangen werden müssen. Wird ein bestimmtes durchschnittliches Sicherheitslevel unterschritten, so ist die durchschnittliche Reaktion eines sozialen Systems eine Art Verteidigungshaltung. Das Fenster der Veränderungsmöglichkeiten schließt sich und das System befindet sich in einem Selbsterhaltungsmodus.

Kapitel 4

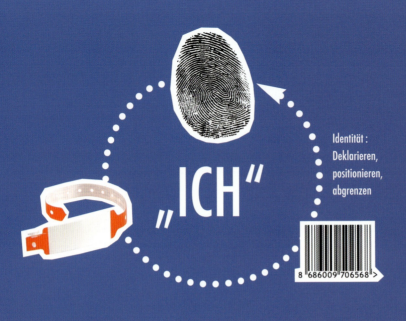

Identität: Deklarieren, positionieren, abgrenzen

Bedürfnis nach Identität

Um sich der eigenen Persönlichkeit zu vergewissern, ist es Menschen ein Bedürfnis, sich zu deklarieren, zu positionieren und sich abzugrenzen: Dafür stehe ich und dafür stehe ich nicht. Das mag ich und das mag ich nicht. Erst aus dem Treffen von Unterscheidungen und dem eindeutigen Bezeichnen von Vorlieben und Abneigungen bezieht das psychische Ich seine Identität, es entsteht eine unterscheidbare Eigentümlichkeit der Person. Alles, was die eigene Identität stärkt bzw. hilft, diese klarer zu positionieren, wird als vorteilhaft, angenehm oder zumindest sinnvoll erlebt. Situationen, die die eigene Identität in Frage stellen und/oder schwächen, werden hingegen als bedrohlich und ablehnenswert erlebt. Auch bei dieser Bedürfniskategorie gilt es, die Unterschiedlichkeit von Menschen im Kopf zu behalten. Manche haben ein besonders starkes Bedürfnis, sich ihrer Identität zu vergewissern, und nehmen dementsprechend jede Gelegenheit wahr, dies auch zu tun. Andere nehmen identitätsbildende Angebote nur sehr zögerlich an oder vermeiden es, sich möglichst klar deklarieren zu müssen.

Bedürfnis nach Orientierung

Sind die persönliche Identität und Sicherheit gewährleistet, wollen Menschen wissen, wohin die Reise geht. Hierzu soll nicht nur definiert werden, was passiert, sondern vor allem auch, warum es passiert. Werden die erfahrenen Orientierungshilfen als konsistent, sinnvoll und hilfreich wahrgenommen, entsteht Bereitschaft zur Weiterentwicklung. Das Bedürfnis nach Orientierung hängt aber auch sehr stark mit dem Sicherheitsbedürfnis zusammen. Wer nicht weiß, wohin die Reise geht, fühlt sich verunsichert. Um Orientierung in Veränderungsprozessen herzustellen, sollten in der Kommunikation die klassischen drei W-Fragen beantwortet werden:

» Was wird passieren?
» Wie wird es passieren?
» Warum wird es passieren?

Vor allem die Beantwortung der letzten Frage hat enorme Bedeutung für die Sinnstiftung bei Veränderungsprozessen. Einer der häufigsten Fehler in Veränderungsprozessen besteht in der Beschränkung der Kommunikation auf das „Was" und das „Wie", ohne auf das „Warum" einzugehen.

„Wir werden rund 250 Mitarbeiter abbauen, was vor allem über die natürliche Fluktuation passieren soll."

Wird keine explizite Begründung für diese Maßnahme mitkommuniziert, wird jeder Empfänger dieser Botschaft seine eigenen Interpretationen aus sonstigen Informationen zusammenstellen: Was habe ich über das Unternehmen bisher gelesen und gesehen? Was sagen meine Arbeitskollegen und meine Freunde zu diesem Fall? Was war in ähnlichen Fällen der Grund für den Personalabbau?

Fehlen die offiziellen Erklärungen als sinnstiftende Elemente, so wird in diesem Fall wohl eine Gerüchteküche in Gang gesetzt. Dabei sagen dann die abgeleiteten Begründungen mehr über die eigenen Erfahrungen und Befindlichkeiten aus als über die „tatsächlichen" Gründe des Unternehmens, 250 Mitarbeiter über natürlichen Abgang abzubauen.

Die Anforderungen an die Gestaltung von Interventionen in Veränderungsprozessen können somit wie folgt definiert werden:

» **Erzeugen von Handlungsdruck:** Es kann vorhandener Druck verstärkt, gefiltert, fokussiert oder zusätzlicher/neuer Druck aufgebaut werden. Zu diesem Zweck kann eine mehr oder minder massive Irritation des Systems hilfreich sein, um es aus der Stabilität und damit aus der Komfortzone zu bewegen. In strukturierten Veränderungsprozessen liegt die Irritation häufig in der Diagnose nach der Analysephase, wenn Eigen- und Fremdbilder massiv auseinanderliegen.

» **Identitätsbildung fördern bzw. anbieten:** Das Anbieten von Deklarationsmöglichkeiten bietet Anlass, die Identitäten der handelnden Personen zu fördern; ob diese Deklaration positiv oder negativ erfolgt, ist dabei unerheblich. Ähnlich wie in der Werbung geht es um eine Art Emotionalisierungsprozess. Hier soll das Individuum die Möglichkeit bekommen, sich für oder gegen etwas zu deklarieren. Nur die neutrale Position des Nicht-Deklarierens ist zu vermeiden. Gerade bei der Identitätsbildung können analoge, stark emotional aufgeladene Interventionen hilfreich sein, um die entscheidenden Veränderungsimpulse freizusetzen.

» **Sinnstiftung:** In jedem Veränderungsprozess braucht es eine Phase, in der eine Neuausrichtung inklusive neuer Sinndefinitionen vorgenommen wird. Dabei kann grundsätzlich das gesamte Werte- und Normensystem eines sozialen Systems hinterfragt werden. In der Regel sind jedoch nur Teilbereiche des Sinnsystems von Veränderungen betroffen. Dies erleichtert den Beteiligten die Akzeptanz von Veränderungen. Neuvereinbarungen betreffend Werte, Normen und Spielregeln sind explizit zu treffen, damit den beteiligten Personen Orientierung und Handlungsleitung ermöglicht wird. Bewährt hat sich, neben den Veränderungen auch jene Elemente des Sinnsystems zu besprechen, die bewusst beibehalten werden sollen. Diese Maßnahme hilft auch mit, das Sicherheitsbedürfnis abzudecken.

Die Gestaltung von Veränderungen

Auf Basis der Grundlagen des Konstruktivismus und der Erkenntnistheorie ergeben sich verschiedene Möglichkeiten zur, aber auch Beschränkungen bei der Gestaltung von Veränderungsprozessen in Organisationen. Generell werden Veränderungen über so genannte Interventionen bewerkstelligt, wobei als Intervention eine zielgerichtete Kommunikation mit dem Ziel einer Beeinflussung verstanden wird. In weiterer Folge werden Interventionen in diesem Buch aus der Perspektive eines „externen" Beraters beschrieben und reflektiert.

Der systemisch-konstruktivistische Berater wird dabei als eine Art „Enabler" definiert, der über den Weg des Beratungssystems Impulse für das jeweilige Kundensystem initiiert, mit dem Zweck, dieses Kundensystem zu verändern oder, bescheidener formuliert, zur Veränderung – die das System immer nur selbst bewerkstelligen kann – anzuregen. Systemisch lassen sich verschiedene, am Veränderungsprozess beteiligte Systeme identifizieren.

Als Kundensystem kann vereinfacht jenes System definiert werden, in dem eine Veränderung stattfinden soll. Das kann zum Beispiel ein Unternehmen, ein Unternehmensbereich, aber auch ein Projekt oder ein Programm sein. Für die erfolgreiche Gestaltung von Veränderungsprozessen ist die Abgrenzung und die Identifikation des Kundensystems schon ein erster, ganz wesentlicher Schritt. Das Kundensystem hat spezifische Strukturen (Ziele, Rollen, Prozesse …) und seinen ganz spezifischen Kontext (Geschichte, Vision, Umwelten …). Ich kann ein System zwar abgrenzen, das ist aber meine Konstruktion: Das System besteht für sich und reproduziert sich autopoietisch selbst. Hier geht es vielleicht auch schon um Passung meiner Konstruktion – These, Annahme über Grenzen des Systems. Diese können sich in Folge als tauglich oder nicht tauglich herausstellen.

Das Beratersystem ist zum Beispiel ein Beratungsunternehmen oder ein Teil eines solchen Unternehmens, es kann auch ein konkreter Berater, eine Person sein (psychisches System). Dieses Beratersystem ist eigenständig und existiert grundsätzlich autonom, das heißt unabhängig von einem speziellen Einzelkunden. Es hat dementsprechend seine eigenen Strukturen und bewegt sich in seinem eigenen Kontext. Das Beratungssystem entsteht temporär dadurch, dass sich Kunde und Berater auf einen Prozess der Zusammenarbeit einigen. Es werden für den Zweck und den Zeitraum der Zusammenarbeit eigene Ziele, Rollen und Spielregeln definiert, die es in dieser Form weder im Kundensystem noch im Beratersystem gibt. Es handelt sich somit um ein intermediäres System, das ausschließlich für den Zweck der angestrebten Veränderung geschaffen wird.

Das Interventionsdesign

Mit dem Begriff „Interventionsdesign" soll hier jene Struktur bezeichnet werden, die einen angestrebten Veränderungsprozess gestaltet. Es handelt sich quasi um eine „Meta-Intervention", die die einzelnen Interventionen, die zu einer Veränderung führen sollen, in eine plausible und viable Systematik bringen soll. Das generelle Design für eine Intervention lässt sich in einigen typischen Schritten zusammenfassen.

Kapitel 4

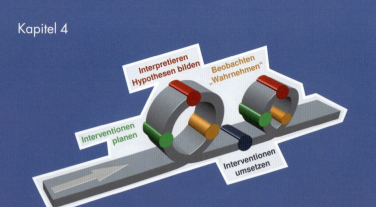

Zwei beliebte Fehler bei der Entwicklung von Interventionsdesigns

Eine bestimmte Kategorie von Beratern versteht ihren Auftrag darin, den Kunden möglichst ohne Umwege von A nach B zu bringen und in der kürzestmöglichen Zeit den maximalen Output an Veränderungen zu erreichen. Dabei wird häufig nach elaborierten Kochrezepten aus vergangenen, ähnlichen – oder auch ganz anderen – Fällen vorgegangen und der Versuch unternommen, die gesamte Komplexität eines Veränderungsprozesses in das Abarbeiten eines Masterplans zu komprimieren. Besonders beliebt ist diese Vorgangsweise bei einigen internationalen Großberatungsunternehmen. Werden dann „braingewashte" Beraterlehrlinge frisch von der Universität mit derartigen Kochrezepten auf Kundenunternehmen losgelassen, so ist ein dramatisches Scheitern beinahe unvermeidbar.

Eine andere Beraterrasse kommt aus der klassischen systemischen Ecke: Man tritt grundsätzlich zu zweit auf, existentialistisch in Schwarz gekleidet und erklärt dem Kunden, es sei notwendig, sich auf einen langfristigen Prozess mit vielen Reflexionsrunden einzulassen. Der erste Workshop startet mit einer dreistündigen Vorstellungsrunde, die von den beiden Beratern in einer Stunde Open-Staff-Reflexion aufgearbeitet wird. Nach der Mittagspause wird den Teilnehmern eröffnet, das Thema des Workshops sei, was sie zum Thema machten. Worauf bis zum Abend in kleinen Gruppen über die sinnvolle Ziel- und Themenstellung des Workshops philosophiert wird. Je nach Leidensfähigkeit der Anwesenden wird spätestens jetzt drüber nachgedacht, sich einen „richtigen" Berater zu holen, der sagt, wo es lang gehen soll.

Am Anfang ist Chaos ...

Die Initialzündung für einen Veränderungsprozess ist in der Regel ein Bedarf, der im Kundensystem formuliert oder zumindest „empfunden" wird. Oft sind die Bedürfnisse nach Veränderung ganz zu Beginn ziemlich schwammig und wenig konkret: Sätze, wie „Wir müssen effizienter/kostengünstiger/schneller werden." und „Alle unsere Mitbewerber haben XY schon implementiert, nur wir noch nicht." oder „Wir müssen den ganzen Laden neu ausrichten." sind dabei eher die Regel als die Ausnahme. Da es in der überwiegenden Mehrzahl der Fälle zu diesem Zeitpunkt noch keinen Berater als externen Reflexionspartner gibt, stellen diese ersten, impulsiven Bedarfsformulierungen jedoch normalerweise die

Jetzt geht's los! ...

Basis für die erste Kontaktaufnahme zwischen Kunden und Berater dar. Sobald der Kunde „zum Telefon greift", geschieht etwas, noch bevor der kontaktierte Berater seinen Fuß zum ersten Mal ins Gebäude seines Kunden gesetzt hat.

Bereits die Information, dass ein Berater engagiert werden soll, bedeutet für die Mitarbeiter des Kunden eine erste Intervention; rund um diese erste Information beginnen sofort Interpretationen und Gerüchte zu entstehen: Unser Management ist am Ende seiner Weisheit; die Firma soll verkauft/zerteilt/restrukturiert werden; der nächste Personalabbau steht bevor, sind hierzu einige Klassiker aus dem Alltag.

Es werden also schon vor einer strukturiert geplanten Intervention Prozesse im Kundensystem initialisiert, die einen maßgeblichen Einfluss auf Erfolg oder Misserfolg eines Veränderungsprozesses haben können. In besonders heiklen, um nicht zu sagen pathologischen, Konstellationen können sich bereits zu diesem Zeitpunkt extrem starke, wenn auch vollständig irrationale Widerstände gegen eine vermutete Veränderung in einem Unternehmen bilden, die ein zielorientiertes, rationales Vorgehen erschweren – oder sogar unmöglich machen.

Kapitel 4

Sammeln von Informationen

Informationen sammeln

Am Beginn jeder Intervention steht die Sammlung von Informationen. Ähnlich wie ein Arzt Symptome zum Zustand seines Patienten beschreibt, sammelt der Berater möglichst viele relevante Informationen zur Ausgangssituation seines Kunden. Mehrere Aspekte sind bei einer professionellen Informationssammlung wichtig, damit eine valide Basis für eine Interventionsplanung entstehen kann: Zunächst sollte der Berater sich bemühen, ein möglichst ganzheitliches Bild zur Ausgangssituation seines Kunden zu bekommen. Breite an Informationen hat hier eindeutig Vorrang vor Tiefe. Widersprüchliche Aussagen verschiedener Akteure sind eher die Regel als die Ausnahme und sollten nicht weiter irritieren. Die Gefahr ist groß, dass sich der Berater auf das erste, markante Symptom stürzt und sofort beginnt, sich dafür Lösungen einfallen zu lassen, ohne einen Blick für das große Ganze zu bekommen. Um diese Problematik zu umgehen, hat sich in der Praxis der Einsatz eines Methodenmixes zur Informationssammlung bewährt, der typischerweise folgende Techniken beinhaltet:

» Analyse von Dokumenten
» Interviews
» Teilnehmende Beobachtungen
» Erhebungen mittels Fragebögen

Die Dokumentenanalyse ermöglicht es dem Berater, sich rasch in den Fall einzuarbeiten und sich einen Überblick zur dokumentierten Ausgangssituation zu verschaffen. Für diese Analyseform können alle dokumentierten Informationen herangezogen werden: Sitzungsprotokolle, Verträge, Präsentationen, Homepages, Intranet-Inhalte, Videos und vieles mehr kann vom Berater für die Sammlung erster Informationen verwendet werden. Dabei ist es hilfreich, nicht von vornherein zu eng auf bestimmte Informationstypen zu fokussieren, da „ja ohnehin viel zu viele Informationen vorhanden sind" oder „ja nicht alles relevant ist".

Für den Berater ist in der Dokumentenanalyse nicht nur der Inhalt der jeweiligen Dokumentation interessant, sondern auch die dazugehörigen Meta-Informationen: Was wird dokumentiert, was nicht; welche Dokumentationsform kommt wofür zum Einsatz; wer ist der Adressantenkreis für welche Dokumentation; werden Dokumente als „geheim" klassifiziert oder nicht? – Diese und ähnliche Meta-Informationen geben dem Berater einen guten Eindruck zur Gesamtsituation des Kunden.

Die Durchführung von Interviews findet in der Regel nach der Dokumentenanalyse statt, wenn der Berater bereits einen gewissen Überblick anhand der Dokumentenanalyse gewonnen hat und bereits über einige Annahmen und Thesen verfügt. Bei der Gestaltung von Interviews gibt es Optionen, die jeweils fallspezifisch zu wählen bzw. zu kombinieren sind: Werden Einzel- oder Kleingruppeninterviews geführt; erfolgt das Interview offen oder klar strukturiert; sollen mit den Interviews Informationen zu einem bestimmten Zeitpunkt oder über einen bestimmten Zeitraum gesammelt werden …? All diese Themen lassen sich nicht generell darstellen, sondern können in einem Fall sinnvoll sein und im nächsten wieder nicht.

Besonders bewährt haben sich so genannte zyklische (oder zirkuläre) Fragen in Interviews. Hierbei wird der Interviewte nicht zu seinem Eindruck oder seiner Meinung zu einem bestimmten Thema befragt, sondern danach, wie er die Meinung Dritter zu diesem Thema einschätzt.

Die Antworten sagen dann natürlich wenig bis nichts über die „tatsächliche" Meinung der dritten Person aus, dafür aber sehr viel über die Beziehung zwischen dem Interviewten und dieser dritten Person. Narrative Interviews, in denen der Interviewte relativ allgemein aus eigenem Antrieb zu einer bestimmten Themenstellung seine Sichtweisen erzählt, können sehr ergiebig sein.

Kapitel 4

Non-verbale Reaktionen des Beraters bei der Beobachtung sind absolute Dont's! (Nicken, Kopfschütteln ...)

Sie eignen sich vor allem für das anekdotische Aufarbeiten bestimmter Situationen in Unternehmen. Weniger geeignet ist diese Interviewform für vergleichende, strukturierte Analyseschritte.

Klassische Fallen bei der Durchführung von Interviews sind die einseitige Auswahl von Interviewpartnern (nur Manager, nur Techniker etc.), eine zu geringe Anzahl von Interviewten, unreflektierter Einsatz von Gruppeninterviews aus Zeitmangel, das Ausdehnen der Interviewphase auf einen zu langen Zeitraum und die zu enge Definition des Interviewgegenstandes.

Für den Berater ist es häufig irritierend, dass bei unterschiedlichen Interviews manche Themen gleich behandelt werden, während es zu anderen Themen völlig konträre Sichtweisen in ein und demselben Unternehmen geben kann. Werden allerdings zum Schluss der Interviews alle Aussagen zu bestimmten Themen geclustert, so entsteht im Regelfall ein ziemlich homogenes Gesamtbild – das sich im Detail natürlich unterscheiden kann und muss, je nachdem, welche Rolle der Interviewte im Unternehmen einnimmt und was seine Interessen und Ziele in der konkreten Situation des Unternehmens sind, in der das Interview gerade durchgeführt wird.

Teilnehmende Beobachtungen sind dazu geeignet, dem Berater einen „Live-Eindruck" zu bestimmten Verhaltensweisen, Spielregeln und Mustern in einem Unternehmen zu ermöglichen. Theoretisch wird zwar regelmäßig angemerkt, dass diese Methode eine „Verfälschung" der Informationen geradezu provoziert, da ja der Beobachter Teil der Situation wird und diese somit verändert, praktisch besteht allerdings kein nennenswerter Unterschied zu anderen Wegen der Informationsbeschaffung, da selbst die Dokumentenanalyse durch den Berater beeinflusst wird.

Werden einige Grundspielregeln berücksichtigt, kann eine teilnehmende Beobachtung ein hervorragendes Instrument

zur Sammlung von Informationen zur gelebten Praxis in einem Unternehmen sein. Zu diesem Zweck vereinbart der Berater mit seinem Kunden die Teilnahme an ausgewählten Arbeitssituationen im Unternehmen. Dies können verschiedene Sitzungen oder Workshops, inhaltliche Arbeitsprozesse oder auch kundenbezogene Situationen sein. In allen Fällen sollte der Berater sich möglichst „unauffällig" verhalten.

Er wird zu Beginn seine Rolle kurz schildern, um sich danach aus der jeweiligen Situation „herauszuhalten" und sich darauf zu konzentrieren, seine Beobachtungen festzuhalten. Ziel dieser teilnehmenden Beobachtungen ist ein möglichst authentischer Eindruck zur gelebten Praxis in einer Organisation. Da die Anwesenden in der Regel nach kurzer Zeit die Präsenz des Beobachters nicht mehr bewusst wahrnehmen, sind relativ rasch die üblichen Verhaltensweisen und Verhaltensmuster beobachtbar. Übliche Fehler, die bei teilnehmenden Beobachtungen gemacht werden, sind das sofortige Kommentieren der Situation durch den Berater, das aktive Reagieren auf Appelle wie „Sie sind doch der Berater, helfen Sie uns bitte weiter!", besonders auffälliges Notieren aller Vorgänge begleitet von non-verbalen Reaktionen des Beraters (Schmunzeln, Kopfschütteln) und das „therapeutische" Sitzen des Beraters im Rücken der Beteiligten.

Erhebungen mittels Fragebogen eignen sich besonders dann zur Informationssammlung, wenn eine relativ große Anzahl von Personen (ab ca. zwanzig) in den Prozess einzubeziehen ist. Der Aufwand für eine professionelle Fragebogengestaltung ist nicht zu unterschätzen; Unterstützung durch erfahrene Experten ist sowohl bei der Konzeption als auch bei der Durchführung und der Auswertung einer Fragebogenaktion hilfreich.

Besonders bewährt haben sich Fragebögen mit geschlossenen Fragen bzw. mit der Möglichkeit zu Mehrfachantworten.

Kapitel 4

Diagnose und Analyse – je nach Anforderung

Informationssammlung

Beobachtungen	Interpretation	Handlungsoption
Einige Teilnehmer plus Projektleiterin treffen gegen 12:45 im Foyer ein; alle sind gebriefed, Telefonat mit PL war kurzfristig noch möglich.	Vorbereitung hat funktioniert.	keine
Kundenvertreter eröffnet, PL steigt ein mit einem Detailproblem.	Unklar ist, wer die Sitzung führt bzw moderiert, was die Agenda ist, welche Punkte alle Tln haben.	Strukturierte Meetingvorbereitung und -führung, Steiferung der Moderationsskills der PLs
Es gibt keine Agenda, kein Protokoll für alle, es gibt zwar Beamer, Flip etc., nichts davon wird verwendet; An- und Abwesenheiten werden nicht …	Keine besondere Meetingkultur vorhanden, es gibt bereits etablierte Muster; Moderationsskills sind minimal …	s.o …

Bei allen Schritten der Informationssammlung ist das Ziel des Beraters die Beschreibung der Istsituation, ohne diese bereits zu analysieren, zu bewerten oder explizit zu interpretieren. Vermieden werden sollte ein zu langer Prozess der Informationssammlung, da sich einerseits ja das Kundensystem auch während der Informationssammlung weiterentwickelt („Schießen auf bewegliche Ziele") und Zeitverlust in der Regel auch den Verlust an Handlungsoptionen bedeutet: „Wir haben nun alle Symptome der Krankheit ausführlich beschrieben, nur ist zwischenzeitlich der Patient leider verstorben." In manchen Fällen kommt allerdings im Kundensystem „der Appetit mit dem Essen" und es wird erwartet, eine allumfassende Gesamterfassung des Unternehmens zu produzieren. Der Berater ist dann gefordert, mit den Beteiligten ein sinnvolles Optimum zwischen Informationsgehalt und Aufwand der Beschaffung zu vereinbaren.

Interpretation und Diagnose

In diesem Arbeitsschritt geht es um ein Aufarbeiten der gesammelten Informationen. Die meisten Schwierigkeiten ergeben sich dabei aus der im ersten Kapitel beschriebenen Untrennbarkeit von Beobachtung und Interpretation. Der Berater ist Gefangener seiner eigenen Werte, Normen, Konventionen und Interpretationsmuster, was dazu führt, dass er gewisse Sachverhalte als „normal" oder angemessen empfindet und andere eben nicht. Dies lässt sich mühelos mit Case Studies belegen, bei denen in der Regel unterschiedliche Personen mit denselben Ausgangsinformationen zu ganz unterschiedlichen Diagnosen und somit auch Lösungsansätzen kommen. Offenbar hat die Alltagsweisheit, dass man von drei Ärzten vier Meinungen bekommt, auch für Berater eine gewisse Gültigkeit. Ein professioneller Berater wird daher versuchen, einen bestimmten Abstand zwischen seinen Beobachtungen und seinen Interpretationen bzw. Diagnosen zu legen. Sofern er in einem Team arbeitet, kann er sich reflektiv mit seinen Kollegen austauschen und über diesen Weg Gemeinsamkeiten und Unterschiede in Beobachtungen und Interpretationen bearbeiten. Arbeitet er allein, so kann er sich selbst als Reflektor benutzen, indem er eine strukturierte Dokumentationsform wählt, die Beschreibendes von Bewertendem trennt. Dieser bewusst vorgenommene Trennungsschritt zwischen beschreibenden und bewertenden Inhalten ist eine wesentliche Grundregel der konstruktivistisch-systemischen Beratungsarbeit.

Die Ergebnisse der Informationssammlung und der Diagnose werden in der Regel mit dem Kunden diskutiert. Dieser Prozessschritt ist besonders wichtig, da hier die Weichen für die folgenden Veränderungsprozesse gestellt werden. Gelingt es dem Berater, dem Kunden ein interessantes (durchaus auch irritierendes), umfassendes Bild zur Situation samt gangbaren Handlungsoptionen zu vermitteln, so ist damit bereits eine wesentliche Basis für erfolgreiches Verändern geschaffen. Erzeugt die Präsentation der Analyse- und Diagnoseergebnisse jedoch Ablehnung, kann der Prozess an dieser Stelle auch kippen. Aufgezeigte Schwächen und Veränderungspotenziale werden negiert, Probleme werden auf den externen Berater projiziert, die Identitätsbildung des Systems schärft sich durch die klare Abgrenzung gegenüber den externen Impulsen, Veränderungen sind nicht mehr gewünscht bzw. möglich.

Spätestens am Ende dieser Analysephase wird es Zeit, drei Fragen konkret zu beantworten:
» Was soll verändert werden?
» Wie soll das bewerkstelligt werden?
» Warum soll verändert werden?

Kapitel 4

Interventionsstruktur

Zeitlich
» Wann wird interveniert?
» Wie oft wird interveniert?
» Wie lange wird interveniert?

Sachlich
» Ziele und Nicht-Ziele der Intervention?
» Themen der Intervention?
» Interventionsformen?

Sozial
» Wer interveniert?
» Über wen wird interveniert?

Interventionskontext

Zeitlich
» Geschichte der Intervention?
» Was wird nach der Intervention geschehen?

Sachlich
» Welche Aktivitäten laufen parallel zur Intervention?
» Welche Themen beschäftigen die Beteiligten?

Sozial
» Wer ist an der Intervention beteiligt?
» Wer ist unmittelbar oder mittelbar von der Intervention betroffen?

Nicht zu unterschätzen ist auch die Bedeutung der Kommunikationsstrategie in dieser Phase. Zur Sicherung der Akzeptanz für die geplanten Veränderungen sollte die Kommunikation mit den direkt und indirekt Beteiligten nun deutlich intensiviert werden.

Interventionsplanung

Besonderes Augenmerk sollte bei der Interventionsplanung auf die saubere Formulierung von Interventionszielen gelegt werden. Dabei können inhaltliche Ziele – Erreichen eines bestimmten Zustands, Verändern oder Beibehalten einer bestimmten Situation etc. – und prozessbezogene Ziele – Emotionalisierung, Irritation, Ernüchterung etc. – definiert werden.

Als Basis für eine Interventionsplanung bietet sich an, die sachliche, zeitliche und soziale Dimension der Intervention zu strukturieren. Weiters kann es hilfreich sein, sich zusätzlich die entsprechenden Kontextdimensionen der Intervention anzusehen.

Die Interventionsplanung ist im Normalfall ebenfalls Gegenstand einer Abstimmung mit dem Kunden. Besonders die Ziele und die Interventionsformen sollten mit dem Kunden klar abgestimmt sein, um eine gemeinsame Sichtweise zum Veränderungsprozess zu ermöglichen. Für den externen Berater wiederum ergeben sich aus den Abstimmungsgesprächen mit dem Kunden häufig relevante Kontextinformationen, ohne die eine sinnvolle Interventionsplanung unmöglich ist. Der Berater könnte andernfalls dem Eindruck erliegen, dass das von ihm bearbeitete Thema das derzeit wichtigste für das Kundenunternehmen ist. Würden Veränderungsmaßnahmen auf dieser expliziten oder impliziten Annahme aufgebaut, wäre mit groben Ressourcenengpässen und Akzeptanzproblemen zu rechnen.

Interventionsdurchführung

Konventionelle Formen der Intervention

Als konventionelle Interventionen werden im Kontext dieses Buches alle Interventionstypen bezeichnet, die analytisch-rational vorbereitet und durchgeführt werden. Dazu zählen Methoden der empirischen Sozialforschung zu Analysezwecken ebenso wie Methoden aus der Psycho- und Familientherapie oder klassisches Moderations- und Präsentationshandwerkszeug. Diese Kategorie an Interventionen stellt aus konstruktivistisch-systemischer Sicht das „erwartbare" Beraterrepertoire und adressiert rational-kognitiv die sachliche und strukturelle Themenlandschaft im Kundensystem. Zu den konventionellen Interventionsformen zählen unter anderem:

» Analysemethoden
» inhaltliche Arbeitssitzungen und Workshops
» Reflexionstechniken
» Definition, Bewertung und Auswahl von Alternativen (Lösungsmöglichkeiten)

Der rein technisch-methodische Aspekt dieser Interventionsformen ist im Gesamtkontext von Veränderungsprozessen weniger interessant und wurde bereits vielfach in Publikationen behandelt. Der interessierte Leser wird an dieser Stelle auf die im Literaturverzeichnis angeführten einschlägigen Werke verwiesen.

Kapitel 4

Der Weg führt zum Ziel

Der ist auch richtig!

Die vielen Wege der Interventionen

Und auch dieser geht!

88

Der Wirkungsaspekt konventioneller Interventionsformen in Veränderungsprozessen ist mehrdimensional. Auf einer Meta-ebene werden durch das analytisch-strukturierte Vorgehen das Sicherheits- und das Orientierungsbedürfnis der beteiligten Menschen bedient. Inhaltlich werden durch konventionelle Interventionen gute Ergebnisse erzielt, da geeignete Arbeitsformen und Effizienz häufig Defizitbereiche in Unternehmen sind. Anders formuliert: Allein durch strukturiertes und zielorientiertes Vorgehen passiert schon eine Veränderung, unabhängig vom Inhalt des Veränderungsprozesses.

Analoge Interventionen

Unter analogen Interventionen werden alle Interventionsarten zusammengefasst, die nicht im herkömmlichen, analytisch-konventionellen Weg durchgeführt werden. Diese analogen Interventionsformen fokussieren auf den emotionalen und irrationalen Bereich in der Themenlandschaft des Kunden. Ohne Anspruch auf Vollständigkeit können dazu

» humoristische
» theatrale
» musikalische
» bildnerisch-gestaltende
» sportliche

Arten der Intervention gezählt werden.

Das Ziel, das hinter analogen Interventionsformen steckt ist, die an dem Veränderungsprozess Beteiligten bzw. von diesem Betroffenen emotional abzuholen und einzubinden. Jede Form der Veränderung in einem bestehenden System kann Unsicherheit, Angst, Abwehr, Frust oder Blockaden auslösen. Oft handelt es sich dabei um irrationale bzw. emotionale Reaktionen. Diese manifestieren sich zu Vorurteilen oder Glaubenssätzen und finden viele Anhänger, die sich gegenseitig in ihrer Haltung bestätigen.

Jeder Versuch, solche Mechanismen durch argumentative Fakten zu widerlegen, ist schon deshalb zum Scheitern verurteilt, da er sich an die Ratio richtet und somit die Befindlichkeit der Betroffenen ignoriert – so „richtig" und zutreffend die Argumente auch sein mögen. Darüber hinaus kann man Blockaden oder eingefahrene Denkmuster nur dann aufbrechen, wenn der Blickwinkel verändert wird. Und genau da setzen die analogen Interventionen an. Einerseits können durch Irritationen bewusst Denkmuster verrückt werden und lassen eine neue Sichtweise zu. Andererseits wird durch die Form der Präsentation wie zum Beispiel die kabarettistische Darstellung oder eine musikalische Aufarbeitung einer Situation eine sinnliche Wahrnehmung ermöglicht. Die Betroffenen werden auf diese Weise in ihrer Befindlichkeit ernst genommen und bekommen gleichzeitig die Gelegenheit, ihre Emotionen zu kanalisieren, da sie aus der „objektiven" Warte des Zuschauers die Szenerie betrachten und darüber lachen dürfen, was bekanntlich sehr befreiend wirkt.

So erreicht man im besten Falle, dass ein Art Lösungsprozess einsetzt – die Ablösung von festgefahrenen Verhaltensweisen und ein Aufbrechen der Denkstrukturen. Aber auch ein innerer Lösungsprozess, der eine Abkopplung oder zumindest Abschwächung der negativen Polung zulässt. Analoge Interventionen eignen sich auch sehr gut zum Aufarbeiten von tabuisierten Themen. Oftmals werden Inhalte, die rational nicht besprechbar sind, durch den Einsatz analoger Mittel bearbeitbar.

Sowohl – als auch!

Optimalerweise werden konventionelle und analoge Interventionen so miteinander kombiniert, dass die Interventionsziele maximal erreicht werden können. Es geht also nicht um ein Entweder-oder zwischen den beiden Interventionsformen, sondern um ein sinnvolles Zusammenwirken. Die Aufgabenstellung für den Berater ist die gestaltende Kombination verschiedener Interventionsformen zu gangbaren Prozesselementen. Innerhalb eines gewissen Spektrums können verschiedene Interventionsformen durch ein und denselben Berater abgedeckt werden. Im Arbeitsprozess kann je nach Situation entweder ein konventionelles oder ein analoges Instrument zum Einsatz kommen. Allerdings gibt es Grenzen, wie weit das Rollenportfolio eines Beraters „dehnbar" ist. Sind umfangreichere analoge Interventionen im Rahmen eines Veränderungsprozesses geplant, so ist es sinnvoller, die Rollen klar zu splitten: Konventionelle und analoge Interventionen werden von verschiedenen Personen geleitet, die auch klar von einander unterscheidbar agieren. In diesem Fall ist natürlich eine besonders gute Koordination zwischen den handelnden Beratern – aber auch mit dem Kunden – notwendig, um die Durchgängigkeit des Veränderungsprozesses zu sichern. Diese Abstimmungsarbeit zieht sich im Normalfall von der Interventionsplanung bis zur abschließenden Reflexion.

Reflexion und Bewertung von Interventionen

Dieser letzte Arbeitsschritt beschließt den Zyklus einer konstruktivistisch-systemischen Intervention. Die Zielsetzung dabei ist, die Ergebnisse und Wirkungen einer Intervention zu reflektieren und zu bewerten. Typische Fragestellungen aus Berater- und Kundensicht sind hier:

» Was wurde inhaltlich und prozessbezogen erreicht? Was nicht?
» Wie bewerten die Beteiligten die Ergebnisse?
» Welche Lernpunkte gibt es aus der Ex-post-Sicht?
» Was kann beibehalten werden? Was sollte verändert werden?

Besonders praktisch zur Vorbereitung einer Reflexionssitzung ist es, wenn der Berater zunächst für sich ein Beobachtungspapier erstellt, in dem er seine Eindrücke aus dem vorangegangenen Interventionszyklus zusammenträgt und mögliche Handlungsoptionen definiert. Formal findet die Reflexion und Bewertung oft in Form eines Meetings zwischen Kunden und Berater statt. Dabei sollte berücksichtigt werden, dass dieser Arbeitsschritt zeitnah zur eigentlichen Intervention erfolgt. Für den Berater, aber auch den Kunden stellt sich am Ende eines Arbeitszyklus auch immer die Frage, ob und wie der Veränderungsprozess weitergeführt werden soll. Eine häufige Problemstellung in der Diskussion sind unterschiedliche Zeitlichkeiten bei Berater und Kunden. Manchmal wird erwartet, dass Veränderungen rasch und effizient „durchgezogen" werden, ohne groß auf die Befindlichkeiten der Beteiligten einzugehen. Hier ist der Berater gefordert, den Gesamtprozess mit Fingerspitzengefühl auszubalancieren, um drohende Akzeptanzprobleme abzuwenden. Am anderen Ende des Problemspektrums steht die „Reflektionitis", eine Situation, in der alles und jedes ausdiskutiert und zu Tode reflektiert wird. Das Ergebnis solcher Prozesse lautet dann: „We're still confused, but on a higher level."

Ein professioneller Berater wird versuchen, das Timing und die Geschwindigkeit des Veränderungsprozesses so zu beeinflussen, dass einerseits die Ziele nicht aus den Augen verloren werden und andererseits die Konsequenzen der Veränderungen für die Beteiligten verdaubar bleiben.

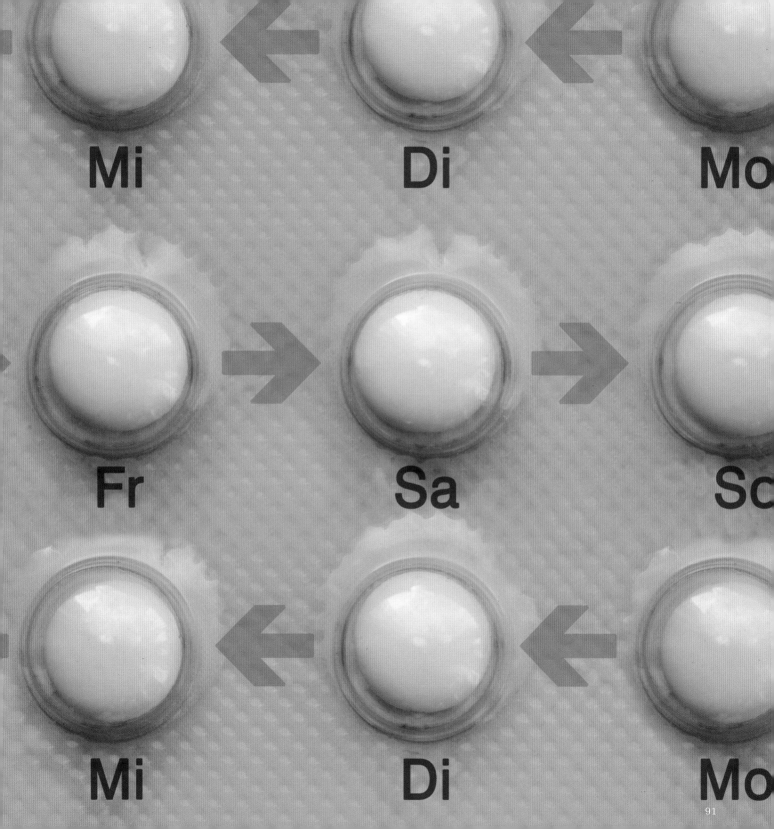

Kapitel 5

Fallbeispiele

Intervention in der Praxis

Kapitel 5

Deutsche Telekom
von Tina Hiller und Rolf Schröder (Deutsche Telekom)

Fallbeispiel 1

Deutsche Telekom AG
Bereich Technik, T-Home

Ausgangssituation

Der Bereich Technik, T-Home der Deutschen Telekom AG, besteht zum Großteil aus der 100%igen Tochter des Konzerns „Deutsche Telekom Netzproduktion GmbH". Diese Gesellschaft plant, baut und betreibt bundesweit die Festnetzeinrichtungen und -systeme im Auftrag der Deutschen Telekom. Dazu gehören einerseits alle entsprechenden Management-, Steuerungs-, Planungs- und Entwicklungsleistungen sowie andererseits die Realisierung von Netzprojekten, das Betreiben der Netztechnik und die Weiterentwicklung der Festnetzinfrastruktur. Nicht zuletzt aufgrund der zunehmenden Geschwindigkeit technologischer Entwicklungen im Kommunikationssektor gepaart mit der zunehmenden Dynamik nach der Deregulierung des Telekommunikationsmarktes hat die Projektabwicklung als Alternative zum Liniengeschäft seit dem Ende des letzten Jahrtausends stark an Bedeutung zugenommen. Die Größe des Bereichs mit einer 5-stelligen Mitarbeiteranzahl sowie die organisatorische Komplexität (bundesweit acht Niederlassungen und vier Technik-Zentren sowie fünf Bereiche im Head Office Technik in Deutschland in 2009) bedingen zum größten Teil, dass temporäre, neuartige und riskante Vorhaben als Projekte-Programm aufgesetzt und durchgeführt werden.

Nach dem Abschluss eines entsprechenden Konzeptionsprojekts entschloss sich der Geschäftsbereich Technik Netze, die Vorgängerorganisation des heutigen Bereichs Technik, T-Home im Jahr 2000 zur Implementierung der Konzeptionsergebnisse. Zu diesem Zweck wurde das Projekte-Programm namens „prof pm" etabliert, mit dem Ziel, das Projektmanagement im Bereich zu professionalisieren.

Das Projekte-Programm „prof pm"

Unter der Vorgabe, projektorientierte Arbeits- und Managementsysteme zu definieren und einzuführen, um die Effizienz bei der Projektabwicklung zu steigern bzw. Fehler und Redundanzen zu vermeiden, erstreckte sich der Programmauftrag von „prof pm" von Dezember 2000 bis Dezember 2002. Weitere Zielsetzungen des Projekte-Programms waren die Etablierung eines gemeinsamen Projektmanagementverständnisses, die Durchführung definierter Personal- und Organisationsentwicklungsmaßnahmen sowie der kontinuierliche Abgleich der Ziele und Ergebnisse mit den Nutzern.

Um der organisatorischen Komplexität des Professionalisierungsvorhabens für einen derart großen Bereich Rechnung zu tragen, wurden neben dem Programmkernteam Projektteams für die implementierenden Organisationseinheiten installiert. Im Fall von „prof pm" resultierten daraus 17 Implementierungsprojekte für alle seinerzeit existierenden sogenannten Zentralbereiche und Technik-Niederlassungen.

Die vier zusätzlich etablierten Thementeams sorgten für inhaltlichen Abgleich zwischen den Implementierungsteams und die Vorgabe einheitlicher Standards.

Die Arbeitspakete des Programmstrukturplans wurden rund um die folgenden Kern- und Begleitmaßnahmen strukturiert:

Kern- und Begleitmaßnahmen von „prof pm"

Wie aus der Abbildung erkennbar ist, spielten die Themen Change Management und Kommunikation als Teil der Kernmaßnahmen sowie Großgruppeninterventionen als Teil der Begleitmaßnahmen eine bedeutende Rolle innerhalb von „prof pm". Zur beispielhaften Illustration der Kombination von konventionellen und analogen Interventionen beschränkt sich die Falldarstellung auf die zentrale Rolle des sogenannten „prof pm events". Diese Großgruppenintervention stellte eine Kernmaßnahme zur Unterstützung des organisatorischen Transformationsprozesses dar.

Wie im Laufe der weiteren Fallbeschreibung noch beschrieben wird, entwickelte sich aus der Programmveranstaltung ein programmunabhängiges, jährlich stattfindendes Projektmanagement-Event. Die Interventionsdesigns des „prof pm events" werden für die Jahre 2001 und 2003 – denen als Weichensteller für den weiteren Verlauf besondere Bedeutung zukam – detailliert abgebildet und näher erläutert.

Bedeutung des „prof pm events" im Rahmen der Gesamtintervention

Dem „prof pm event", das als Teil des Projekte-Programms „prof pm" zweimal durchgeführt wurde, kam eine zentrale Bedeutung als Integrationselement innerhalb der Gesamtintervention – dem Projekte-Programm „prof pm" – zu. Die bundesweite Verteilung der Implementierungsteams, die Vielfältigkeit der zu berücksichtigenden Professionalisierungsaspekte (Mitarbeiterqualifizierung, Organisationsänderungen, Entwicklung von Standards und Richtlinien, Etablierung von Karrierepfaden usw.) und die Größe des Programms mit bereits rund 200 Mitarbeitern in den Kernteams machten weitreichende Integrationsmaßnahmen erforderlich.

Als eine der wesentlichsten Maßnahmen diente das „prof pm event" vorrangig dem Informationsaustausch innerhalb der Programmorganisation, der Sicherstellung der praktischen Relevanz und einer homogenen Orientierung aller Projektmanagement-Verantwortungsträger sowie der kollektiven und umfassenden Motivation aller beteiligten Organisationseinheiten. Schon vom ersten „prof pm event" an entschloss man sich zu einer vollständigen Verflechtung von konventionellen und analogen Interventionen im Rahmen der Veranstaltung – eine Herausforderung mit beträchtlichem Erfolgspotenzial. Folgende Vorgaben setzten Rahmenbedingungen für das erste, und in Folge für jedes weitere „prof pm event":

1. Ganztagesevent mit Abendveranstaltung und Reflexion am Morgen des Folgetags,

2. Veranstaltung für den Kern der Projektmanagement-Protagonisten aller Organisationseinheiten des Bereichs,

3. Aktive Einbindung der Veranstaltungsteilnehmer,

4. Vernetzung von digitalen und analogen Interventionen mit externer Unterstützung durch die next level consulting (konventionell) und die SemiNarren (analog).

„prof pm event" 2001:
Standort- und Richtungsbestimmung

Das erste „prof pm event" wurde im Jahr 2001 initiiert. Grundthematik der Veranstaltung waren die Standort- und Richtungsbestimmung innerhalb des laufenden Projekte-Programms. Neben dem Informationsaustausch über den Status der standortspezifischen Implementierungsprojekte und dem Fortschritt der inhaltlichen Thementeams standen die Entwicklung eines Gemeinsamkeitsgefühls (viele der Programmmitglieder hatten sich vor dem Event noch nie physisch getroffen) und ein Motivations- und Energieschub für die noch offenen Implementierungsaufgaben im Zentrum der Aufmerksamkeit.

Aus der engen Zusammenarbeit zwischen dem Programmkernteam, der next level consulting und den SemiNarren entstand das nachfolgend abgebildete Interventionsdesign für die circa 80 Teilnehmer der Veranstaltung.

Kombiniertes Interventionsdesign: „prof pm event" 2001

Zeit	Aktivität	Wer
10:00–10:30	Eintreffen/Frühstück	C. H. (nlc)
10:30–11:00	Projektmanagement-Song (1) Einstiegsszene Dr. Widalmo & Prof. PM (2) PM-Song » mit angepasstem Songtext auf Basis von „Always Look on the Bright Side of Life" » Animation des Prof. PM zum Mitmachen (3) Vorstellung der Beginn-Signation	M. B., B. W. (SemiNarren)
11:00–12:30	Ziele/Ablauf/Kennenlernen	W. R. (nlc)
	Status (P-Organisation, Meilensteinplan + 1 „heißes Thema"): (1) PM-Excellence (konzernweite PM-Professionalisierung) (2) prof pm NI (PM-Professionlisierung in NI - gesamt) (3) prof pm NI regional (Status der reg. Implementierungsteams)	D. M. (DTAG), R. S. (DTAG), W. R. (nlc)
	Reflexion an den Stehtischen (inkl. Reflexionsbeitrag von Prof. PM u. Dr. Widalmo)	Teilnehmer, SemiNarren
	Reflexion im Plenum	W. R. (nlc), R. S. (DTAG), D. M. (DTAG)

Zeit	Aktivität	Wer
	Prof. PM – Crash:	
	(Explosion des „Informatrons" und Gedächtnisverlust von Prof. PM)	
12:30–13:30	Mittagessen	C. H. (nlc)
13:30–13:45	Einweisung in die Workshops:	W. R. (nlc)
	» PM Prozesse EPM/MPM	
	» Aufbauorganisation EPM/MPM	
	» PM-Qualifizierung und Coaching	
	» Human Resource Management	
	» PM-Excellence (konzernweite PM-Implementierung)	
13:45–15:00	Durchführung Workshops	D. M. (DTAG),
	» Input durch Workshop-Leiter	A. M. (DTAG),
	» Kleingruppenarbeiten (4–5 Personen)	E. C. (DTAG),
	» Reflexion im Workshop	D. S. (DTAG),
		R. S. (DTAG), SemiNarren
15:00–15:45	Reflexion im Plenum	W. R. (nlc), R. S. (DTAG)
15:45–16:45	Kaffeepause, Aufbau der Project Gallery	C. H. (nlc), Implementierungs-Teams
16:45–18:15	Vorstellung und Einweisung,	W.R. (nlc), Teilnehmer
	Besuch der Projekte-Vernissage	
18:15–19:00	Reflecting Teams	pm-excellence,
		Trainerteam, Gäste,
		SemiNarren
19:15–20:00	prof pm Cocktail, Abendessen	C. H. (nlc)
20:00–21:30	Prof. PM Rap (Motto: „don't dream it – do it"):	SemiNarren
	Rap-Factory in ca. 6 Gruppen	
ab 21:30	Musik & Party	M. M. (nlc)
09:00–11:00 am Folgetag	Abschlussreflexion	R. S. (DTAG), W. R. (nlc)
	» Blitzlicht in Flüstergruppen (4–5 Teilnehmer)	
	» Austausch Ergebnisse im Plenum	
	» Vereinbarung von ToDo's und Sammlung von Ideen für das Folgeevent	

Der grobe Spannungsbogen der konventionellen Interventionen erstreckte sich von einem Input-Teil in Bezug auf den Programmstatus über die inhaltliche Diskussion von relevanten PM-Themen in wahlweisen Workshops bis hin zur sogenannten „project gallery" – einer Projekte-Vernissage, bei der jedes Implementierungsteam sein Projekt in Form einer Ausstellungskoje präsentieren konnte. Dieser Zugang legte den Grundstein für eine optimale Bearbeitung der Themen „Informationsaustausch", „Aktive Einbindung der Teilnehmer" und „Förderung der Vernetzung und Generierung eines Gemeinsamkeitsgefühls".

In dieses Design wurden analoge Interventionen auf Basis der folgenden drei Standbeine verflochten:
» Einführung der Figuren „Prof. PM" und seines Assistenten „Dr. Widalmo"
» Einbettung der konventionellen Interventionen in eine Rahmengeschichte rund um Prof. PM und Dr. Widalmo passend zur inhaltlichen Zielsetzung des Events
» Aktivierung der Teilnehmer in analoger Form (PM-Rap)

Der Haupteffekt der beiden Figuren „Prof. PM" und „Dr. Widalmo" war, dass heikle bzw. emotionale Themen sowie Gerüchte direkt angesprochen und somit bearbeitbar gemacht werden konnten. So wurde 2001 beispielsweise die teilweise vorhandene, aber offiziell unausgesprochene Unzufriedenheit über die noch nicht fertig definierten Graubereiche in den PM-Standards sowie die Frage „Warum wird so viel Aufwand für die Projektmanagement-Professionalisierung und -Qualifizierung betrieben?" aufgegriffen und von Prof. PM und Dr. Widalmo humoristisch in eine Rahmengeschichte eingeflochten. Das Detaildesign für diese Rahmengeschichte als Teil des „prof pm events" ist nachstehend abgebildet.

Detaildesign Rahmengeschichte Prof. PM & Dr. Widalmo 2001

Zeit	Aktivität	Wer
10:30–11:00	Einstiegsszene Prof. PM & Dr. Widalmo	SemiNarren
	(1) Vorstellung von Prof. PM (anerkannter, internationaler PM-Experte und COHO von Prof. PM Enterprises) durch seinen Assistenten Dr. Widalmo	
	(2) PM-Song	
	» „Always Look on the Bright Side of Life" mit adaptiertem Songtext (Einflechtung der aktuellen Frage- und Themenstellungen bzw. Schlüsselwörter in den Songtext)	
	» Animation der Teilnehmer zum Mitmachen durch Prof. PM	
	(3) Vorstellung der Beginn-Signation	
12:15–12:30	Prof. PM – Crash:	SemiNarren
	(1) Vorstellung des „Informatrons" (Weltneuheit, entwickelt von Prof. PM = digital neuro-elektronische Schnittstelle zum direkten Transfer von PM-Wissen und Erfahrung direkt vom Laptop ins menschliche Gehirn)	

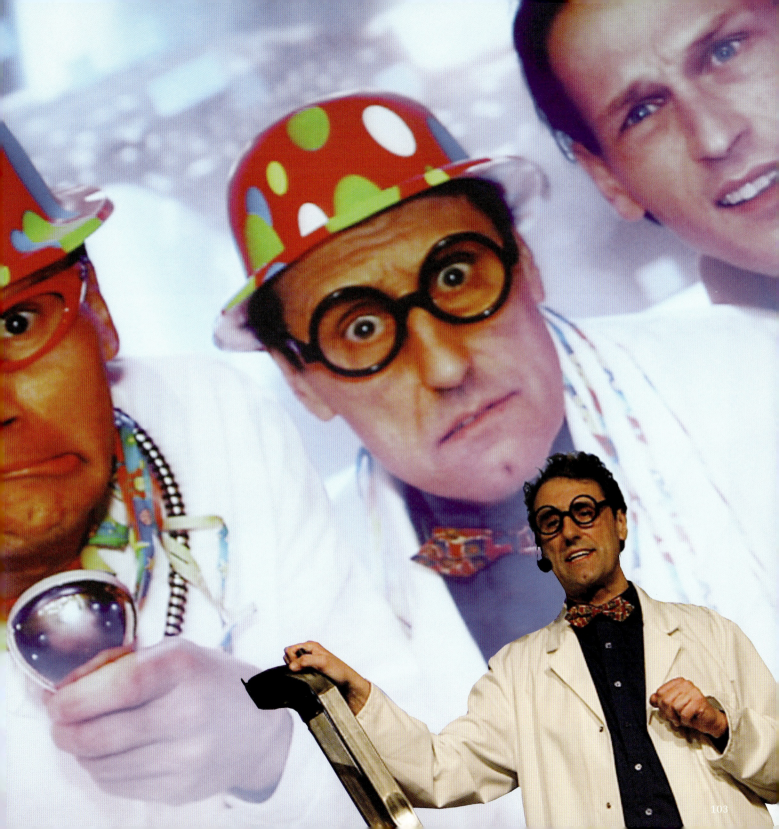

Zeit	Aktivität	Wer
	(2) Demonstration des „Informatrons", (Prof. PM als Versuchsperson)	
	(3) Explosion des „Informatrons", (Gedächtnisverlust von Prof. PM)	
	(4) Abschlussbotschaft vor dem Mittagessen	
	(Prof. PM muss versuchen, sich sein Wissen und seine Erfahrung auf konventionelle Weise, sprich bei den PM-Workshops und der Projekte-Vernissage wieder zurückzuholen)	
13:45–18:15	Gedächtnisauffrischung von Prof. PM	SemiNarren
	(1) Während PM-Workshops und Projekte-Vernissage	
	(Geleitet von Dr. Widalmo besucht Prof. PM alle inhaltlichen PM-Workshops sowie die Projekte-Vernissage und versucht in Form von „ungewöhnlichen" Fragen sein Wissen wieder herzustellen)	
	(2) Reflecting Teams	
	(humoristische Reflexion über die Highlights der PM-Workshops und der Projekte-Vernissage durch Prof. PM und Dr. Widalmo)	
	Abschlussszene Prof. PM und Dr. Widalmo	
	(1) Auflösung des Gedächtnisupdates von Prof. PM	
	(2) Überleitung zum prof pm Cocktail	

Im Anschluss an das Abendessen wurden die Teilnehmer noch einmal aktiviert und eine „PM-Rap-Factory" unter der Anleitung von Prof. PM und Dr. Widalmo durchgeführt (siehe nachstehend abgebildetes Detaildesign).

Detaildesign „PM-Rap-Factory"

Zeit	Aktivität	Wer
20:00–20:20	Einleitung (1) Anhand des vorbereiteten Prof. PM Raps „don't dream it – do it" wird der Programmpunkt eingeleitet (2) Plenare Rhythmusanimation: Das Prinzip wird an einfachen Beispielen demonstriert (3) Brainstorming-Rap-Schreibstrategie: Die Teilnehmer lernen einen Rap zu schreiben (Prof. PM zeigt am Flipchart Rap-Schreibstrategie)	Mario Bottazzi Bernhard Widhalm (SemiNarren)
20:20–21:00	Prof. PM Rap Entwicklung (1) Gruppeneinteilung: Die Teilnehmer werden in 6 Gruppen zu je 7–8 Teilnehmer aufgeteilt (2) Rap-Entwicklung: Die Teilnehmer schreiben einen Prof. PM Rap (wenn notwendig mit SemiNarren-Hilfe)	SemiNarren
21:00–21:30	Rap-Show (1) Showtime: Der erarbeitete Rap wird plenar von den Teilnehmern performt (2) SemiNarren Zugabe (optional): Als pietätsvolle Zugabe könnten die SemNarren „Imagine" a cappella vortragen (3) Übergang zur Party	SemiNarren

Kapitel 5

Prof PM

DEUTSCHE TELEKOM AG

„prof pm event" 2002: Join the close down

Der Fokus des „prof pm events" 2002 war dem inhaltlichen und emotionalen Abschluss des Projekte-Programms „prof pm" gewidmet. Dem Motto „The Show Must Go On" folgend, wurden die Weichen jedoch bereits in Richtung Zukunft ausgerichtet. Die Zielsetzung war, die Eigenverantwortung aller tangierten Organisationseinheiten zur Aufrechterhaltung, Pflege und Weiterentwicklung der erzielten Projektergebnisse zu betonen. Die Reflexion am Folgetag des „prof pm events" 2002 brachte den deutlichen Wunsch der Teilnehmer zum Ausdruck, dass auch 2003 eine Projektmanagement-Veranstaltung im Stil des „prof pm events" stattfinden soll. Dieser Wunsch wurde durch den, nach Projektabschluss in der Linienorganisation verantwortlichen, zentralen Projekte-Service aufgegriffen und zur Umsetzung gebracht.

„prof pm event" 2003: PM-Fitnesscheck im Bereich TI

Im Jahr 2003 fand das „prof pm event" zum ersten Mal außerhalb der Grenzen des Projekte-Programms „prof pm" statt. Die Vorzeichen für eine erfolgreiche Veranstaltung waren schon während der Konzeptionsphase besonders herausfordernd bis ungünstig. Eine massive Reorganisation hatte eine tiefe Verunsicherung der Mitarbeiter des Bereichs mit dem neuen Namen „Technische Infrastruktur" (TI) ausgelöst. Die bisherigen Organisationsstrukturen wurden sowohl inhaltlich als auch örtlich massiv verändert. In vielen Fällen bedeutete dies für Mitarbeiter, dass sie sich entweder vollkommen neuen Aufgaben stellen mussten und/oder in neu entstandene Organisationseinheiten eingegliedert wurden, die nicht selten einen privaten Umzug in einen anderen Teil Deutschlands erforderlich machten. Für die Gemeinschaft der Projektmanagement-Experten hatten sich zusätzliche Schwierigkeiten aufge-

tan. Die im Rahmen des Projekte-Programms „prof pm" für das Multiprojektmanagement geschaffen, permanenten Organisationseinheiten (zentrale und dezentrale Projekte-steuerkreise und Projekte-Service-Einheiten) waren der Reorganisation zwar nicht vollkommen zum Opfer gefallen, hatten aber einen massiven Bedeutungsverlust hinnehmen müssen. Beispielsweise waren die dezentralen Projekte-Service-Einheiten drei Hierarchieebenen nach unten gerutscht. Viele der Projektmanagement-Experten hatten sich daraufhin – nicht zuletzt wegen der drohenden niedrigeren Gehaltseinstufung – entschieden, den Projekte-Service zu verlassen. Als Ansatzpunkt zur inhaltlichen Gestaltung des „prof pm events" 2003 wählte das Organisationsteam die dramatische Arbeitshypothese „Prof. PM ist tot" basierend auf der mehrheitlich skeptischen und negativen Stimmung im Vorfeld der Veranstaltung.

Das Konzept für das „prof pm event" wurde auf Basis der beschriebenen Ausgangssituation auf folgende Zielsetzungen hin ausgerichtet:
(1) Sicherung der geschaffenen Multiprojektmanagement-Strukturen in den neuen Organisationsstrukturen,
(2) Transparenz zum Status des Einzel- und Multiprojektmanagements in den TI-Bereichen,
(3) Setzen neuer Impulse für die Projektmanagement Community (positiver Ausblick),
(4) Fit & Fun (als Kontrapunkt zur allgemeinen Stimmung).
Das für das „prof pm event" 2003 gewählte Motto „PM-Fitnesscheck im Bereich TI" zielte sowohl auf die inhaltliche und organisatorische Fitness des Projektmanagements im Bereich als auch auf die persönliche Fitness der Veranstaltungsteilnehmer ab. Darauf aufbauend wurde das folgende, kombinierte Interventionsdesign entwickelt.

Kapitel 5

Kombiniertes Interventionsdesign: „prof pm event" 2003

Zeit	Aktivität	Wer
08:00–09:30	Eintreffen/Frühstück	C. H. (nlc)
09:30–09:45	Trauerfeier Prof. PM (1) Trauerrede Dr. Widalmo für verstorbenen Prof. PM (Prof. PM liegt aufgebahrt im offenen Sarg) (2) Realitätsbezug: „das Leben muss weitergehen" (W. Rabl übernimmt, weil Dr. Widalmo aufgrund seiner Betroffenheit nicht weitersprechen kann) (3) Auferstehung Prof. PM (Botschaft: Der Geist von Prof. PM lebt weiter. Prof. PM freut sich auf ein Treffen in der Realität und verlässt die Bühne)	M. B., B. W., (SemiNarren)
09:45–10:30	Ziele/Ablauf/Vorstellung in Gruppen » Basisinput Projektmanagement 1: „Eine Standortbestimmung" » Basisinput Projektmanagement 2: „Projektmanagement in der TI – ein Erfolgsfaktor" » Bildung von 6 Gruppen für Fitness-Staffel	W. R. (nlc), V. K. (DTAG) U. A. (DTAG), C. H. (nlc)
10:30–10:45	Kurze technische Pause zur Stärkung mit Kaffee Aufsuchen der Staffelstationen	C. H. (nlc)
10:45–12:30	Stationenlauf zum Thema „Wie fit ist der Bereich TI zum Projektmanagement": Teil 1 **Stationen:** (1) EPM/MPM in den TI-Organisationen (2) Project Coaching (3) PM-Personal/Qualifizierung/Zertifizierung (4) Geschicklichkeit, Stress und Balance	W. R. (nlc), R. S. (DTAG) C. H. (nlc), W. B. (DTAG) S. W., E.C. (DTAG) B. H., G. B. (benefit) M. B., B. W. (SemiNarren) Projektaussteller

	(5) Fun-Casting	
	(6) Projects in Excellence (Projekte-Vernissage)	
12:30–14:00	Mittagessen (auf Projekte-Vernissage)	C. H. (nlc)
14:00–15:45	Stationenlauf zum Thema „Wie fit ist der Bereich TI zum Projektmanagement": Teil 2	wie bei Teil 1
15:45–16:00	Kaffeepause	C. H. (nlc)
16:00–17:45	Stationenlauf zum Thema „Wie fit ist der Bereich TI zum Projektmanagement": Teil 3	wie bei Teil 1
17:45–18:30	Ergebnisvorstellung Stationen Plenare Zusammenfassung der Highlights und Ergebnisse jeder Station durch die Moderatoren der jeweiligen Station Stimmungsabfrage Teilnehmer (Ampelfarbenstatus mit Metaplankärtchen)	wie bei Sationenlauf und R. S. (DTAG), W. R. (nlc)
18:30–19:30	Pause für technischen Umbau	C. H. (nlc)
ab 19:30	PM Excellence Superstar: Karaoke-Show (Aufführung der einstudierten Performances aus der Fun-Casting-Station) Einstieg: CD-Jingle am Showanfang Begrüßung der Zuschauer & Vorstellung der Jury Vorstellung des Ablaufs, der Regeln, Saalvoting ... SHOWTIME: Aufführung jeder Gruppe mit anschließender Jury-Bewertung Zugaben und Übergang zum Cocktail & Buffet Cocktail & Abendessen (Pubatmosphäre) Party mit open end	M. B., B. W. (SemiNarren) C. H. (nlc)
09:00–11:00 am Folgetag	Abschlussreflexion » Blitzlicht in Flüstergruppen (4–5 Teilnehmer) » Austausch Ergebnisse im Plenum » Vereinbarung von ToDo's und » Sammlung von Ideen für das Folgeevent	R. S. (DTAG), W. R. (nlc)

Im Jahr 2003 bildete ein Stationenlauf den Hauptteil der Veranstaltung. In sechs Gruppen zu je 12 bis 15 Teilnehmern besuchten die Teilnehmer sechs unterschiedliche Stationen. Die dadurch hervorgerufene ständige Bewegung von einer Station zur nächsten garantierte, dass die Teilnehmer in allen Phasen der Veranstaltung involviert und aktiv waren. Es wurde ein Mix von vier konventionell und zwei analog gestalteten Stationen angeboten, deren Inhalte in der Folge überblicksmäßig dargestellt sind.

Inhalte der Station „EPM/MPM in den TI-Organisationen"
» Kurzabfrage zum Status des Einzel- und Multiprojektmanagements in den einzelnen Organisationseinheiten
» Austausch zu (noch) vorhandenen Strukturen und notwendigen Veränderungen
» Reflexion in Richtung nächster Schritte

Inhalte der Station „Project Coaching"
» Live-Interview mit gecoachten Projektleitern
» Präsentation der Positionierung von internem Projektcoaching
» Reflexion zum Nutzen, zur Umsetzbarkeit und zu den Ausprägungen von Projektcoaching

Inhalte der Station „PM-Personal/Qualifizierung/Zertifizierung"
» Selbsteinschätzung zu PM-Qualifizierung
» Überblick über aktuelles Qualifizierungs- und Zertifizierungsangebot
» Update zum Thema Karrierepfade und Entlohnungssysteme

Inhalte der Station „Geschicklichkeit, Stress und Balance"
» Messung von Lungenvolumen (mittels Atemgerät und Luftballons)
» Geschicklichkeitstest (mittels Stelzen)
» Gleichgewichtstest (mittels großer Wippe)
» Stressanalyse zu Stresslevel- und Enspannungsfähigkeit

Inhalt der Station „Fun Casting"
» Auswahl eines Songs für die Karaoke-Show „PM Excellence Superstar"
» Entwicklung einer Choreographie
» Einstudieren der Choreographie und Üben der Performance

Inhalte der Station „Projects in Excellence"
» Besuch der Projekte-Vernissage (Ausstellung der besten Projekte des Bereichs im Jahr 2003)
» Informeller Austausch zum Projektmanagementstatus und Vernetzung in der Projektmanagement-Community
» Interviews mit Projektleitern zu Erfolgsfaktoren, „Hoppalas" und Tipps im Projektmanagement

Prof PM

DEUTSCHE TELEKOM AG

Auf die kritische Arbeitshypothese „Prof. PM ist tot" wurde gleich zu Beginn der Veranstaltung das Hauptaugenmerk gerichtet. Das interdisziplinäre Konzeptionsteam entschied sich in diesem Fall für die riskante Variante einer paradoxen, analogen Intervention. Die Aussage „Prof. PM ist tot" wurde im wahrsten Sinne des Wortes aufgegriffen und in Form einer Trauerfeier für den verstorbenen Prof. PM umgesetzt (siehe Interventionsdesign Punkt 1). Die Intervention erzielte das Ergebnis, das sich das Organisationsteam versprochen hatte. Die Wirkung war jedoch noch bei Weitem intensiver als erwartet. Man hatte tatsächlich den Nagel auf den Kopf getroffen und das Tor für eine positive Zukunftsausrichtung geöffnet. Die Teilnehmer wurden einerseits aufgerüttelt und sich der vorhandenen PM-Kompetenz gewahr. Andererseits wurden Energie und Reserven für den Kampf um professionelles Projektmanagement in der Technischen Infrastruktur mobilisiert. Der anschließende Stationenlauf verstärkte die positive Wirkung, und nach der Karaoke-Show „PM Excellence Superstar" am Abend war die Stimmung der Teilnehmer gewandelt. Im Rückblick erbrachte das „prof pm event" 2003 den besten Beweis für die Wirkungskraft der Kombination von konventionellen und analogen Interventionen.

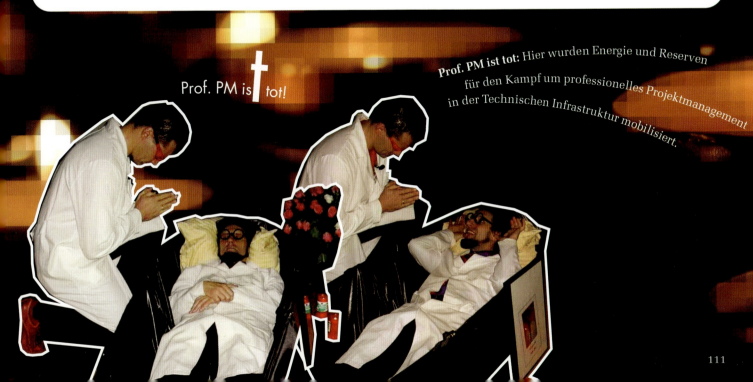

Prof. PM ist tot!

Prof. PM ist tot: Hier wurden Energie und Reserven für den Kampf um professionelles Projektmanagement in der Technischen Infrastruktur mobilisiert.

Ergebnis: „prof pm event" als Erfolgsgarant und Stabilitätsfaktor

Erfolgsfaktoren der Intervention

Die integrale Verflechtung von konventionellen und analogen Interventionen hat sich im Fall des „prof pm events" als kritischer Erfolgsfaktor erwiesen.

Dabei folgt die Kombination aus konventionellen und analogen Elementen einem systemisch lösungsorientierten Metaprozess. Dieser Prozess startet mit der Anerkennung aktueller (schwieriger) Situationen. Über den Fokus auf vorhandene Ressourcen und vergangene Erfolge wird ein Bogen zu Lösungen für die Zukunft gespannt, wobei stets darauf abgezielt wird, die Handlungsmöglichkeiten für alle Beteiligten zu vermehren. Diesem Grundmuster folgend hat sich über die Jahre das folgende Set an konventionellen Standardkomponenten für das „prof pm event" entwickelt:

» PM-Rückblick: Rückblick auf die PM-Highlights des letzten Jahres
» PM-Ausblick: Ausrichtung auf kommende Projektmanagement-Schwerpunkte
» aktive Einbindung der Teilnehmer zu PM-Themen
» Projekte-Vernissage: Ausstellung der Top-Projekte des Bereichs in Form von Ausstellungskojen
» Reflexion mit den Veranstaltungsteilnehmern am Folgetag

Im Jahr 2004 wurde dem „prof pm event" eine weitere konventionelle Standardkomponente hinzugefügt – der sogenannte „prof pm award". Im Rahmen des „prof pm awards" – eine Art Oscar-Verleihung für Projekte – werden jährlich die Gewinner-Projekte in sechs unterschiedlichen Projektmanagement-Kategorien gekürt sowie der beste Projektleiter und der beste Projektauftraggeber geehrt.

Das dazu passende Set an analogen Standardkomponenten des „prof pm events" besteht im Vergleich dazu aus:
» den Figuren Prof. PM und Dr. Widalmo,
» einer Rahmengeschichte passend zur aktuellen Ausgangssituation, die, wie die konventionellen Komponenten, dem gleichen, oben beschriebenen Metaprozess folgt, und
» der Aktivierung der Teilnehmer in analoger Form.

Ergebnis im Bereich Technik, T-Home

Nicht zuletzt das „prof pm event" 2003 verschaffte dem Event einen Platz als Fixstarter unter den jährlichen Großveranstaltungen der Technischen Infrastruktur. Das Event hat sich zu einer Institution mit hohem Stellenwert entwickelt. Es ist eine Auszeichnung, eingeladen zu werden, und es sichert somit in gleicher Weise die Teilnahme der entscheidungsbefugten Verantwortungsträger und der Projektmanagement-Top-Experten. Das mittlerweile sehr erfahrene Organisationsteam trifft dabei jedes Jahr auf neue, heraus-

fordernde Ausgangssituationen. Die seit Anfang des neuen Jahrtausends immer wiederkehrenden Restrukturierungen des ursprünglichen Netzinfrastrukturbereichs erforderten eine zyklische Neupositionierung der vorhandenen Projektmanagement-Expertise im geänderten Kontext.

Seit dem Jahr 2000 – dem Start des Projekte-Programms „prof pm" – hat sich die Mitarbeiteranzahl des ursprünglichen Bereichs Netzinfrastruktur im Rahmen von massiven organisatorischen Änderungen in vier wesentlichen Schritten beinahe halbiert. Ein Ende dieses andauernden Transformationsprozesses des Bereichs Technik, T-Home, ist aus heutiger Sicht noch nicht abzusehen.

Das „prof pm event" hat über den Zeitraum dieser turbulenten Jahre merklich dazu beigetragen, dass Projektmanagement, obwohl auf temporäre Vorhaben ausgerichtet, zu einem Stabilitätsfaktor werden konnte. Die Community der Projektmanagement-Protagonisten hat mit Hilfe des „prof pm events" ein Vehikel gefunden, um sich jährlich neu auszurichten und sich im laufend veränderten Kontext neu zu formieren.

Es ist nichtsdestotrotz beachtlich, dass sich das Thema professionelles Projektmanagement basierend auf den Implementierungsergebnissen des Projekte-Programms „prof pm" seit Beginn des neuen Jahrtausends nachhaltig etablieren konnte und bisher den Widrigkeiten sämtlicher Umorganisationen trotzt. Das „prof pm event" sichert der Projektmanagement-Community in diesem Zusammenhang die notwendige Kontinuität und fokussierte Aufmerksamkeit auf das Thema Projektmanagement.

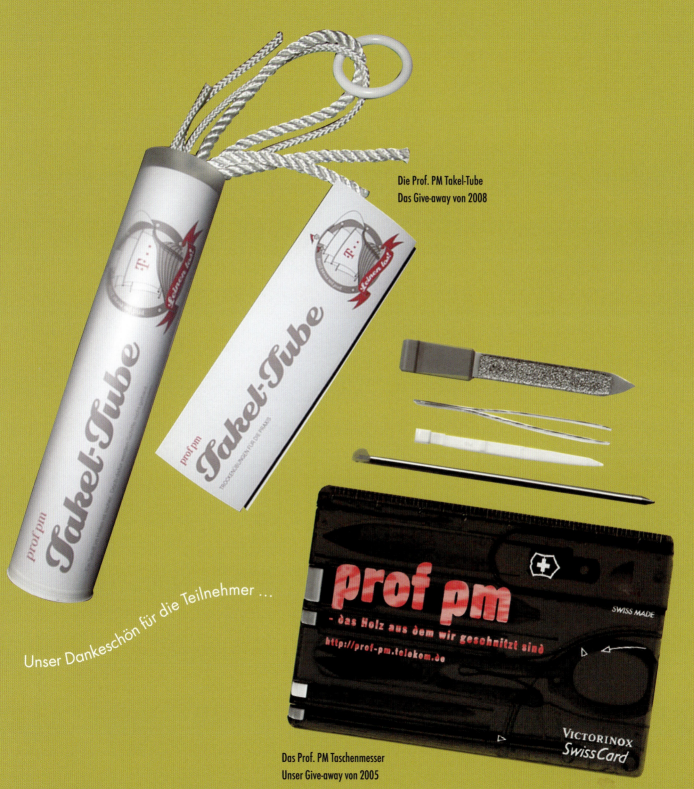

Die Prof. PM Takel-Tube
Das Give-away von 2008

Unser Dankeschön für die Teilnehmer ...

Das Prof. PM Taschenmesser
Unser Give-away von 2005

Kapitel 5

RWE Power
von Uwe Sachs

Fallbeispiel 2

Kapitel 5

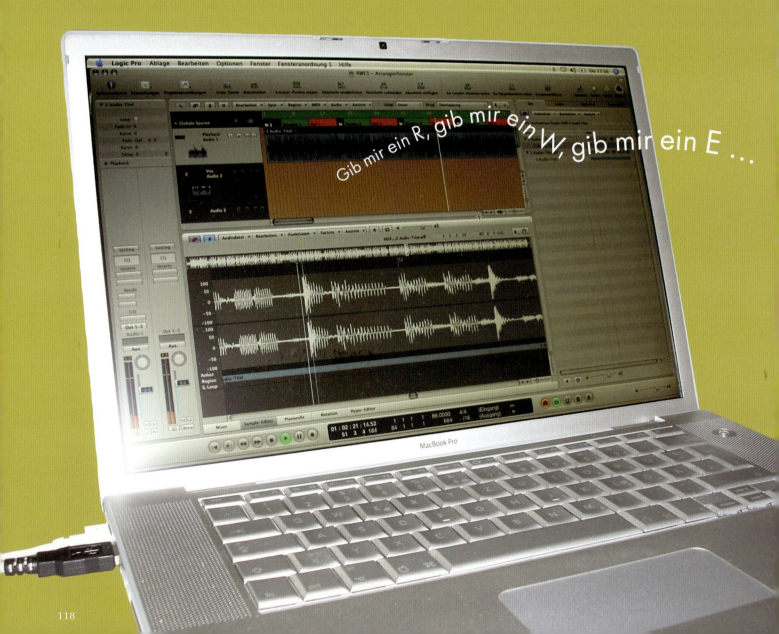

RWE Power – Kraftwerksneubauprojekte

Ausgangssituation

Der europäische Kraftwerkspark muss aufgrund seiner Altersstruktur in den nächsten beiden Dekaden umfangreich erneuert werden. Allein für Deutschland beziffert die Deutsche Energie-Agentur Dena den Erneuerungsbedarf für die bestehenden Kraftwerkskapazitäten mit etwa 40.000 MW bis 2020, wobei hier der Ausgleich für die im Rahmen des sogenannten Atomausstiegs nach und nach abzuschaltenden Kernkraftwerke eingerechnet ist. In den Staaten der Europäischen Gemeinschaft müssen laut VGB bis 2020 Kraftwerkskapazitäten von etwa 300.000 MW ersetzt und aufgrund steigenden Strombedarfs zugebaut werden.

Kohle-, Gas- und Kernkraftwerke, die rund 80 % der Stromerzeugung in Deutschland und in Europa repräsentieren, sind in gleicher Weise hiervon betroffen. Das Erneuerungsprogramm ist für die Kraftwerksbetreiber und Anlagenbauer eine gewaltige Herausforderung und bedeutet ein Investitionsvolumen von mehreren hundert Milliarden Euro.

RWE als einer der führenden europäischen Versorger betreibt bereits heute einen Kraftwerkspark mit einem breiten Primärenergiemix. Mit dem Ziel, einen ausgewogenen Primärenergiemix zu erhalten und im Interesse des Klimaschutzes weiterzuentwickeln, stellt sich RWE mit dem größten Investitionsprogramm in ihrer Geschichte auf die Erneuerung des Kraftwerksparks ein. Neben dem Ausbau der erneuerbaren Energien bedeutet dies für RWE Power, den kontinentaleuropäischen Stromerzeuger im RWE Konzern, das Festhalten an der weiteren Nutzung der Kernenergie und eine umfassende Erneuerung der fossil gefeuerten Kraftwerke – bis hin zum Bau von Anlagen zur CO_2-Wäsche und des ersten großtechnischen Braunkohlenkraftwerks mit integrierter Vergasung, CO_2-Abscheidung und -Speicherung.

Zielsetzung

Zur Vorbereitung auf das oben genante Investitionsprogramm gehörten unter anderem auch der deutliche Ausbau der Personalressourcen im Projektbereich sowie die Überprüfung der Projektaufbau- und -ablauforganisation. Die Überprüfung führte zu weiter verbesserten Strukturen und Prozessen, die in einem umfangreichen Projektmanagement-Handbuch dokumentiert wurden. Mit der Inkraftsetzung durch den Vorstand bestand nunmehr die Herausforderung, dieses Dokument zur gelebten Praxis bei den erfahrenen und neuen Mitarbeitern zu entwickeln.

Die RWE Power entschied sich, ein entsprechendes Trainingskonzept unter Beteiligung zahlreicher interner Referenten aufzusetzen, welches das Ziel verfolgte, das geballte Wissen des Projektmanagement-Handbuches zu vermitteln und nachhaltig zu verankern.

Neben den Grundlagen, Prozessen und sozialen Aspekten des Projektmanagements sollten praxisnahe Inhalte mit direktem Bezug zum Kraftwerksbau bei der RWE Power integriert werden. Darüber hinaus sollten die künftigen Projektmanager innerhalb der Module in einem Spezialteil auch Skills wie Spontaneität, Kreativität, Teamgeist, vernetztes Denken, Improvisation und Agieren außerhalb der Komfortzone trainieren bzw. proben können. Den Transfer und die Nachhaltigkeit der Inhalte sicherzustellen wurde als abschließende Anforderung von RWE Power an das Programm formuliert.

Konventionelles Interventionsdesign

Die zentralen Projektmanagementelemente „Methoden und Instrumente", „Projektorganisation und Rollen", „PM-Prozesse" und das Thema „Interdisziplinäre Führung von Projektteams" wurden zu einem umfangreichen Qualifizierungsprogramm geschnürt. In jedem dieser Module wurde ein Slot für einen internen Vortragenden der RWE reserviert, um das bestehende Erfahrungswissen der „alten Hasen" in das Programm zu integrieren. Zudem wurde bei der Auswahl der Trainer auf entsprechende Erfahrungen im Bereich Anlagen- bzw. Kraftwerksbau geachtet, um die Akzeptanz auf der Seite der Teilnehmer zu sichern. Das komplette Programm wurde in einem Drei-plus-drei-Tage-Modus in zwei große Blöcke à sechs Tage aufgeteilt.

1. Erfolgreiches Projektmanagement für Kraftwerksneubauprojekte I „Projekte professionell planen und organisieren"
2. Erfolgreiches Projektmanagement für Kraftwerksneubauprojekte II „Gestaltung der Projektmanagementprozesse " (Teil 1) und „Führen von interdisziplinären Projektteams" (Teil 2)

Um die Teilnehmer auf das umfangreiche Gesamtprogramm einzustimmen, war den vier Modulen ein halbtägiger Kick-off vorgeschaltet. Dabei wurden neben der Vorstellung der Inhalte und der Auswahl von Trainingsprojekten die Erwartungen der Teilnehmer an das Programm abgefragt, um Gewichtungen der Inhalte zu justieren. Kritische Äußerungen bzw. Befürchtungen konnten dabei weitestgehend im Vorfeld geklärt und Spielregeln für die Reihe gemeinsam erarbeitet werden.

Die Sicht der Teilnehmer auf die Rolle des Projektleiters wurde über eine analoge Arbeitsform – Malen eines Bildes/Erstellen einer Collage – erarbeitet. Somit waren die Teilnehmer bestens für die bevorstehende Qualifizierung sensibilisiert.

Die Grundlage für die Arbeit in einer Mischung aus konventionellen und analogen Interventionen war etabliert.

Interessante Details

» Im Rahmen des Kick-off erfolgt eine Selbstreflexion der eigenen Rolle als Projektleiter im Unternehmen durch eine analoge Intervention.
» Dadurch werden vorhandene und eingefahrene Verhaltensmuster und Überzeugungen reflektiert und es kommt zu einer Öffnung, neue Lerninhalte anzunehmen.
» Durch die analoge Arbeitsform wird ein anderer Blickwinkel ermöglicht.

Kapitel 5

Erfolgreiches Projektmanagement für Kraftwerksneubauprojekte I

„Projekte professionell planen und organisieren" (Anlagenbau-Kontext und PMI-spezifisch) 3 + 3 Tage

Inhalte Modul 1
- » Aktuelle Projektmanagement-Ansätze, prozessorientiertes Projektmanagement
- » Methoden der Projektabgrenzung, Projektkontextanalyse – zur Projektauftragsklärung und Initialplanung
- » Methoden der Projektplanung und des Projektcontrollings
- » Integrierter Ansatz zur Planung und zum Controlling von Projekten im Team
- » Leistungsplanung (Projektstrukturplanung), phasenorientiert vs. objektorientiert und Risikomanagement
- » Terminplanung (Meilensteinplan, Balkenplan, vernetzter Balkenplan und Netzplantechnik)
- » Ressourcen- und Kostenplanung (Schätzverfahren zur Kosten- und Ressourcenplanung, Ressourcen- und Kostenhistogramme, Ressourceneinsatzplanung mit besonderem Fokus auf Engpassressourcen)
- » Formen der Projektdokumentation (Projekthandbuch)
- » Intensive Arbeit an den Trainingsprojektarbeiten und Vertiefung ausgewählter spezifischer Inhalte

Inhalte Modul 2
- » Grundzüge der Organisation von Projekten
- » Rollen im Projekt, Anforderungen an Projektleiter, Projektauftraggeber und Projektteammitglieder – das Projekt als temporäre Organisation
- » Relationale Rollenklärung zur Konfliktvermeidung
- » Integrierte Projektorganisation: Wer gehört ins Projektteam? Kann/soll ich Kunden, Lieferanten etc. mit einbeziehen?
- » Kommunikations-, Informations- und Entscheidungsstrukturen in integrierten Projektorganisationen
- » Methoden der Verantwortungsverteilung in Projekten
- » Organisatorische Eingliederung der Projektorganisation in die Linienorganisation
- » Soziale Umwelten, Projektkultur, Spielregeln

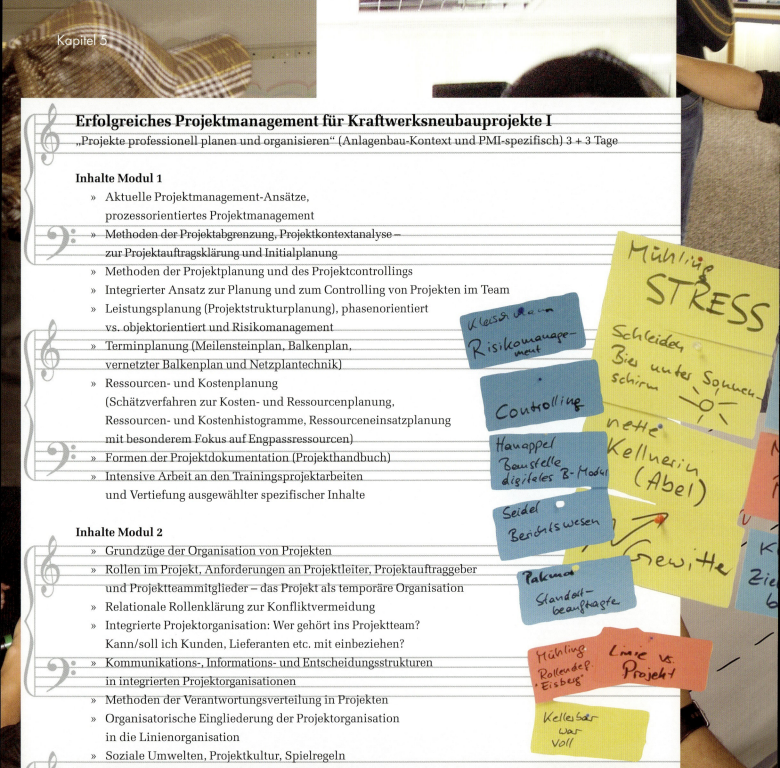

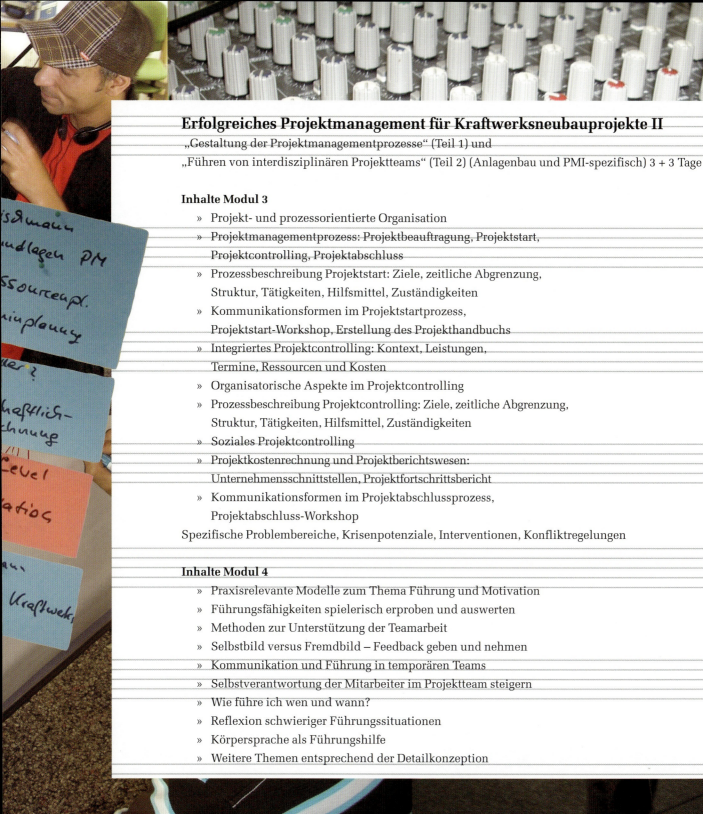

Erfolgreiches Projektmanagement für Kraftwerksneubauprojekte II

„Gestaltung der Projektmanagementprozesse" (Teil 1) und
„Führen von interdisziplinären Projektteams" (Teil 2) (Anlagenbau und PMI-spezifisch) 3 + 3 Tage

Inhalte Modul 3

- » Projekt- und prozessorientierte Organisation
- » Projektmanagementprozess: Projektbeauftragung, Projektstart, Projektcontrolling, Projektabschluss
- » Prozessbeschreibung Projektstart: Ziele, zeitliche Abgrenzung, Struktur, Tätigkeiten, Hilfsmittel, Zuständigkeiten
- » Kommunikationsformen im Projektstartprozess, Projektstart-Workshop, Erstellung des Projekthandbuchs
- » Integriertes Projektcontrolling: Kontext, Leistungen, Termine, Ressourcen und Kosten
- » Organisatorische Aspekte im Projektcontrolling
- » Prozessbeschreibung Projektcontrolling: Ziele, zeitliche Abgrenzung, Struktur, Tätigkeiten, Hilfsmittel, Zuständigkeiten
- » Soziales Projektcontrolling
- » Projektkostenrechnung und Projektberichtswesen: Unternehmensschnittstellen, Projektfortschrittsbericht
- » Kommunikationsformen im Projektabschlussprozess, Projektabschluss-Workshop

Spezifische Problembereiche, Krisenpotenziale, Interventionen, Konfliktregelungen

Inhalte Modul 4

- » Praxisrelevante Modelle zum Thema Führung und Motivation
- » Führungsfähigkeiten spielerisch erproben und auswerten
- » Methoden zur Unterstützung der Teamarbeit
- » Selbstbild versus Fremdbild – Feedback geben und nehmen
- » Kommunikation und Führung in temporären Teams
- » Selbstverantwortung der Mitarbeiter im Projektteam steigern
- » Wie führe ich wen und wann?
- » Reflexion schwieriger Führungssituationen
- » Körpersprache als Führungshilfe
- » Weitere Themen entsprechend der Detailkonzeption

Hook

Gib mir ein R, gib mir ein W,
gib mir ein E.

Das ist pure Energie
bei der Power AG
Gib mir ein R, gib mir ein W,
gib mir ein E.
Ja die Energie fließt

Alles okay!

Das analoge Interventionsdesign

Bereits in der Konzeptionsphase der Module arbeiteten die Berater von next level consulting und SemiNarren zusammen, um beide Interventionen so zu verschmelzen, dass einerseits die Anforderungen von RWE Power AG erfüllt werden und andererseits das Gesamtkonzept wie aus einem Guss erscheint.

Die Entscheidung, die Rap-Factory im 4. Modul zu integrieren, brachte zwei wesentliche Vorteile. Erstens wurde die Anforderung, die Teilnehmer in eine für sie ungewöhnliche Situation zu bringen, um ihre kreativen und emotionalen Skills zu fordern und zu fördern, in einer komprimierten Form eingelöst und umgesetzt. Zweitens eignet sich die Rap-Factory vortrefflich zur nachhaltigen Sicherung und Verankerung von Inhalten, da die Teilnehmer eigenständig ihre Texte erarbeiten.

Vorgehensweise

Wie aus dem Design der Rap-Factory ersichtlich wird, teilt sich die Aufgabenstellung in zwei Blöcke. Im ersten Schritt werden die Teilnehmer für die bevorstehende Aufgabe vorbereitet, indem sie in einem gemeinsamen Brainstorming die Inhalte des Qualifizierungsprogramms reflektieren. Der Trainer der SemiNarren nutzt dabei das episodische Gedächtnis der Teilnehmer.

Wissen verankert sich am schnellsten über Erlebnisse. Deshalb werden die Projektmanager aufgefordert, sich zu erinnern, wo das jeweilige Training stattgefunden hat, welche besonderen Vorkommnisse es gab etc. Meist stellt sich hier bereits eine recht lockere Stimmung ein. Im Folgenden sollen sie nun in Kleingruppen die Inhalte hervorholen und dokumentieren. Indem die Ergebnisse wechselseitig vorgestellt werden, wird das Wissen mit der gesamten Gruppe geteilt und vertieft.

Im zweiten Teil werden die Teilnehmer vor die scheinbar unlösbare Aufgabe gestellt, einen Rap zu texten und in einem mobilen Tonstudio einzusingen. Diese intensive und kreative Auseinandersetzung mit den Inhalten unterstützt ein sehr sinnliches Lernen, bei dem der Spaßfaktor keine unerhebliche Rolle spielt und die Inhalte sich unmerklich verankern. Der Vorgang selbst ist kommunikativ, die kreativen Ressourcen werden genutzt und letztlich kommen die Teilnehmer nur gemeinsam zu einem Ergebnis, da der Rap aus vier Strophen besteht, die die Inhalte der einzelnen Module in komprimierter Form enthalten.

Das gemeinsame Rappen ist schließlich der Höhepunkt der Intervention, hier werden alle bisherigen Glaubenssätze über Bord geworfen und die Teilnehmer erleben sich einmal ganz anders. Am Ende können sie ihr „Produkt" gemeinsam anhören, und durch die produzierte Idee wird das Ergebnis begreifbar. Damit wird ein positives Erlebnis geschaffen, dessen identitätsstiftende Wirkung die Nachhaltigkeit garantiert.

Die Verantwortlichen von RWE ließen sich von dem Nutzen der analogen Intervention auf der argumentativen Ebene überzeugen. Ein Restzweifel blieb, da solche Arbeitsformen bisher bei Projektleitern nicht zum Einsatz gekommen waren und die Befürchtung im Raume stand, dass die Rap-Factory bei gestandenen Kraftwerksbauern möglicherweise nur schwer Akzeptanz finden wird.

Kapitel 5

Design Rap-Factory

Die Rap-Factory wird jeweils am 2. Tag von Modul 4 „Führung und Kommunikation" in die Qualifizierung eingebettet.

Erster Teil: 15:30–17:00 Uhr

Erarbeitung der Inhalte Modul 1–4

Ablauf:

1. Einführung
2. Gemeinsame Erarbeitung über ein sinnliches Brainstorming, episodisches Gedächtnis
3. Kleingruppenarbeit
   » 4 Teams erarbeiten selbständig relevante Inhalte zu je einem Modul
   » Dokumentation der Ergebnisse am Flipchart
4. Wechselseitige Präsentation der Ergebnisse

Pause

Zweiter Teil: 18:30–21:00 Uhr

Rap-Text schreiben, Rap proben, CD aufnehmen

Ablauf:

1. Die SemiNarren werden an einem vorproduzierten RWE Power AG-Rap das Thema einleiten.
2. Plenare Rhythmusanimation. Das Prinzip wird an einfachen Beispielen demonstriert.
3. Brainstorming-Rapschreibstrategie. Die Teilnehmer lernen, einen Rap zu schreiben.
4. Kleingruppen schreiben Raps auf Basis der erarbeiteten Inhalte.

» Der vorproduzierte Beat, der eingangs Grundlage für den RWE Power AG-Rap war, ist auch das Fundament für den Rap der Teilnehmer.

» Der Inhalt des Raps wird von den Teilnehmern selbständig erarbeitet und umgesetzt.

» Prinzipiell sollen die Teilnehmer den Rap selbständig erarbeiten, werden aber während des gesamten Prozesses durch die SemiNarren unterstützt, wo nötig.

» Bei der Zusammenstellung der Strophen und des Refrains werden die SemiNarren wieder unterstützend aktiv. Das Ergebnis wird auf Powerpoint-Folien übertragen und gemeinsam geprobt.

» Der entwickelte Rap wird vor Ort eingesungen, im mobilen Tonstudio abgemischt und als CD produziert. Die Teilnehmer erhalten die CD mit ihrem Rap am nächsten Morgen.

Verantwortliche SemiNarren

Uwe Sachs
Ausbildung
Kaufmann für Bürokommunikation, Diplom-Schauspieler an der Hochschule für Musik und Theater FMB Leipzig, Coachingausbildung (Contrain College)
Tätigkeitsbereiche
Managing Partner. Konzeption und Realisation analoger Interventionen, Trainer und Personal Coach
Künstlerische Schwerpunkte
Schauspiel und Dramaturgie. Improvisation, Kreativität und Teamentwicklung
Motto
„Es gibt nichts Gutes, außer man tut es."

Raschid D. Sidgi
Ausbildung
Schauspieler
Tätigkeitsschwerpunkte
Raschid D. Sidgi ist der Autor, Komponist und Performer des Raps und des interaktiven Finales

Hendrik Herchenbach
Technische Betreuung mit dem mobilen Tonstudio. Aufnahme und Mischung des Raps vor Ort

Beobachtungen von Uwe Sachs
Die Teilnehmer nahmen den Trainerwechsel am Nachmittag nicht zuletzt durch die vorbereitete Moderation von Petra Andres-Unger sehr wohlwollend auf. Die Inhalte der Module auf eine andere Art zu reflektieren war für sie zuerst ungewohnt. Schnell fanden sie Spaß daran, sich über Orte, erlebte Ereignisse, besondere Vorkommnisse an die einzelnen Veranstaltungen zu erinnern. Durch diese ungewohnte Form des Brainstormings etablierte sich rasch eine lockere Atmosphäre. Die Kleingruppenarbeiten an den Flipcharts erledigten die Teilnehmer spürbar mit Spaß, da neben den Inhalten immer wieder Erlebnisse diskutiert wurden. Die Ergebnisse spiegelten den Energielevel wider. Die wechselseitigen Präsentationen waren dadurch sehr locker und präsent. Hier wurden noch hie und da Punkte von den jeweils anderen Teilnehmern ergänzt.

Die Vorstellung des Raps durch Raschid Sidgi wurde von den Teilnehmern mit Applaus quittiert. Allerdings wich die Begeisterung einem gewissen Entsetzen, als ihnen die Aufgabe eröffnet wurde, nun selbst einen Rap zu schreiben und zu performen. Mit der von Raschid Sidgi vorgestellten Strategie machten sie sich an die Arbeit. Anfangs benötigten manche Teilnehmer noch Unterstützung, nach und nach reimten sie mit Lust ihre Strophen. Der Spaß und die lockere Atmosphäre des Nachmittags wurde dabei noch übertroffen und langsam stellte sich ein gewisser Stolz auf das Geleistete ein.

Das Einsingen des Raps war für die Teilnehmer ein Höhepunkt. Sie steigerten sich von Probe zu Probe und forderten selbst noch eine zusätzliche Aufnahme ein, um das Ergebnis für die CD zu optimieren. Das Vorspielen der ersten grob gemischten Aufnahme löste neben einigem Gelächter auch ein gewisses Staunen über die eigene Leistung aus. In der abschließenden Reflexion wurde immer wieder betont, dass sie es vorher nicht für möglich gehalten hätten, eine solche Aufgabe in dieser Zeit zu schaffen.

So gestimmt ging es zum wohlverdienten Absacker in die Bar.

Lutz Kleischmann von RWE Power AG

Wer VORWEG gehen will, muss mitunter über seinen eigenen Schatten springen und Neues ausprobieren. So in etwa war die Situation, als wir uns im Rahmen der Konzeptfindung für die Projektmanagement-Qualifizierung für die Aufnahme der RAP-Factory in unser Pilotprogramm entschieden haben. Und wie im Kraftwerksbau wird natürlich der Pilot besonders aufmerksam verfolgt. Umso erfreulicher, wenn er zu einem so großartigen Erfolg wird.

Es ist das Erleben der eigenen Kreativität und der emotionalen Fähigkeiten, das dieses Modul zu etwas Besonderem macht. Durch die perfekte Vorbereitung der SemiNarren entstehen schöne und individuelle Ergebnisse für jeden Teilnehmer. Das Ziel, die Trainingsinhalte bei den Teilnehmern zu verankern, wird ganz nebenbei in entspannter Atmosphäre und in nachhaltiger Form erreicht.

Ergebnis

Seit 2008 sind mittlerweile sechs Runden des Qualifizierungsprogramms durchgeführt worden. Die Resonanz der Teilnehmer ist durchweg positiv. Vor allem die Rap-Factory hat sich als ein Höhepunkt etabliert.

Die Kraftwerksbauer zeigten dabei, dass sie über die technischen und methodischen Anforderungen hinaus durchaus über weitergehende Skills verfügen.

Die Rap-Factory wird immer als „Herausforderung" verstanden und die produzierten CDs sind ein geeigneter Anker, um die Inhalte des gesamten Programms nachhaltig erlebbar zu machen.

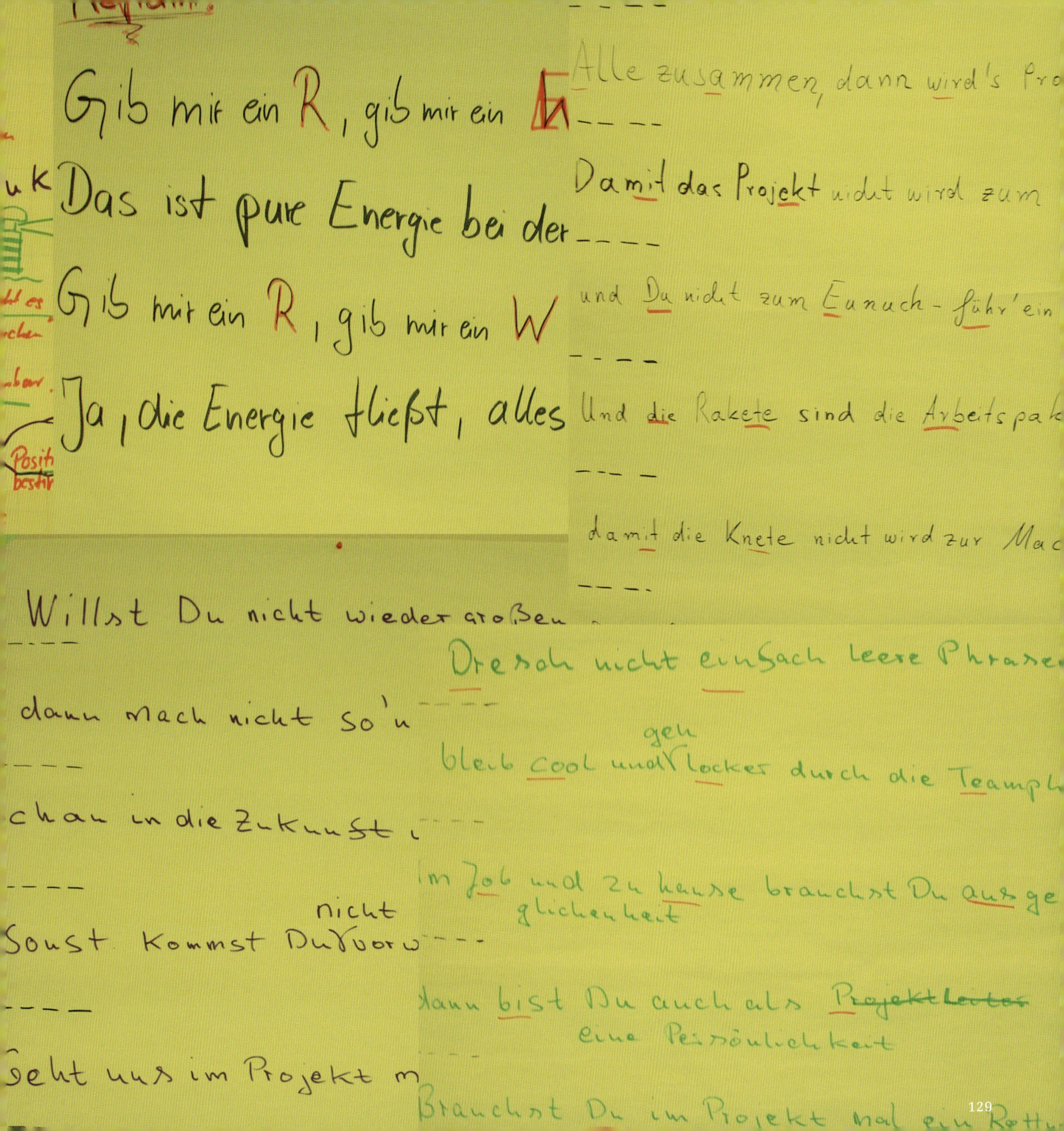

Gib mir ein R, gib mir ein E

Das ist pure Energie bei der

Gib mir ein R, gib mir ein W

Ja, die Energie fließt, alles

Willst Du nicht wieder großen

dann mach nicht so'n

schau in die Zukunft

            nicht
Sonst kommst Du voran

Seht uns im Projekt m

Alle zusammen, dann wird's Pro

Damit das Projekt nicht wird zum

und Du nicht zum Eunuch – führ' ein

Und die Rakete sind die Arbeitspa

damit die Knete nicht wird zur Mac

Dresch nicht einfach leere Phrase
                        gen
bleib cool und locker durch die Teamph

Im Job und zu hause brauchst Du aus ge
              glichenheit

dann bist Du auch als Projektleiter
         eine Persönlichkeit

Brauchst Du im Projekt mal ein Rett

Kapitel 5

Sandoz
von Bernhard Widhalm

Fallbeispiel 3

Kapitel 5

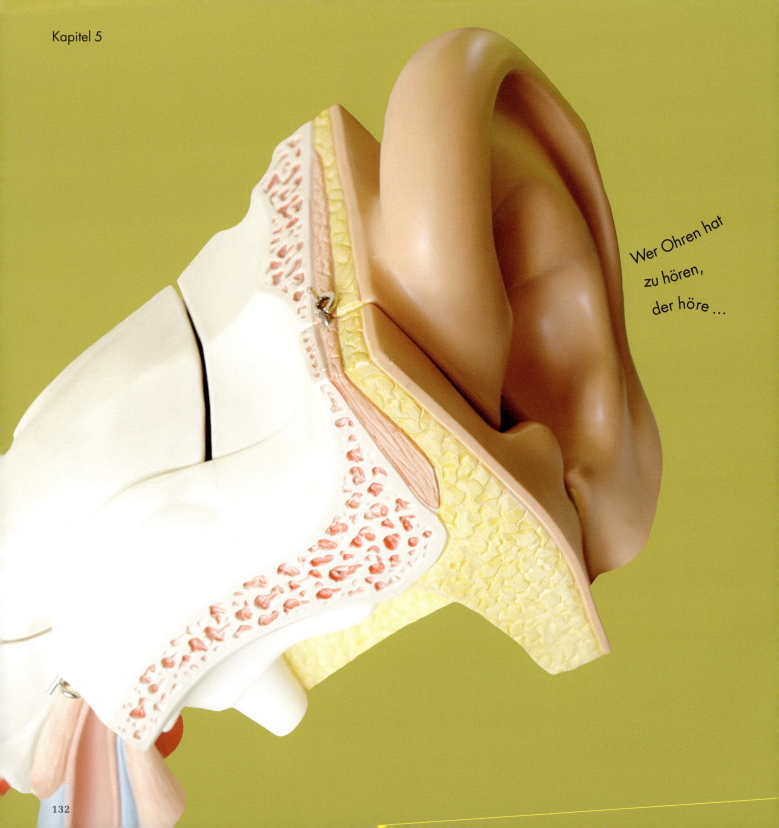

Wer Ohren hat zu hören, der höre ...

Sandoz
Führen durch Kommunikation

Ausgangssituation
Mitten in Tirol liegt der Firmensitz der österreichischen Sandoz GmbH. Hier, in der kleinen Gemeinde Kundl, erzeugte die damalige Biochemie GmbH ab 1946 dringend benötigtes Penicillin für die heimische Bevölkerung. Das Unternehmen entwickelte sich ständig weiter und wurde 1964 in die Schweizerische Novartis-Gruppe – damals noch Sandoz AG – eingegliedert. Im Jahr 2003 fasste Novartis seine Generika-Aktivitäten unter dem erneut eingeführten Namen Sandoz zusammen – die Biochemie GmbH wurde zur Sandoz GmbH.

Von Österreich in die ganze Welt
Heute entwickelt und erzeugt die österreichische Sandoz GmbH generische, patentfreie Arzneien sowie eine breite Palette pharmazeutischer und biotechnologischer Wirkstoffe. Dabei gehört das Unternehmen zu den größten Herstellern von Antibiotika. Mit den Wirkstoffen der österreichischen Sandoz können jährlich eine Milliarde Patienten gegen bakterielle Infektionskrankheiten wie Tuberkulose, Mittelohrentzündung oder auch Entzündungen der Rachenmandeln und der Bronchien behandelt werden.

Pro Jahr verlassen über 300 Millionen Arzneimittel-Packungen das Werk Kundl, die in über hundert Ländern eingesetzt werden. Insgesamt beschäftigt die Sandoz GmbH rund 2900 Mitarbeiter; alleine in den letzten acht Jahren hat sich die Zahl der Mitarbeiter jährlich um rund 100 erhöht. Mehr als 510 Mitarbeiter sind in Forschung und Entwicklung beschäftigt. Sie entwickeln qualitativ hochwertige Arzneimittel mit neuen, verbesserten Darreichungsformen. Ein weiterer Fokus liegt auf der Entwicklung schwierig herzustellender Generika. Diese Spezialprodukte basieren auf besonderen Formulierungen wie beispielsweise Transdermalpflastern, Implantaten und Retard-Tabletten.

Kompetenzzentrum für moderne Biotechnologie
Kundl und Schaftenau, die beiden Tiroler Standorte, entwickeln und produzieren schon seit vielen Jahrzehnten biotechnologische Arzneimittel. Deshalb sind sie wichtige Kompetenzzentren innerhalb der Sandoz- und Novartis- Gruppe. Sie erzeugen Wirkstoffe nicht nur für den eigenen Bedarf, sondern auch für andere Pharma- und Biotech-Unternehmen. Die jahrzehntelange Erfahrung auf dem Gebiet der Biotechnologie bildet die Grundlage für das neue Geschäftsfeld der Biosimilars.

Diese Nachfolgeprodukte für moderne Biopharmazeutika sind ein Zukunftsmarkt in der Pharmaindustrie. Und Sandoz gehört hier zu den Pionieren. Das menschliche Wachstumshormon Omnitrope® wurde 2006 als erstes Biosimilar für den europäischen und US-amerikanischen Markt zugelassen. Ein Jahr später erhielt Binocrit®/Epoetin alfa Hexal®, das erste glykosilierte Biosimilar, die Vermarktungserlaubnis für die Europäische Union. Diese Innovationen sind nur mit modernster Technik möglich.

Seit 1996 hat die Sandoz GmbH um rund 800 Millionen Euro erweitert und modernisiert, davon flossen etwa 150 Millionen in den Umweltschutz. Zusammen mit strengen Arbeitsvorschriften garantieren diese Investitionen eine Produktqualität, die von Gesundheitsbehörden in der ganzen Welt anerkannt wird.

Kapitel 5

Sich nicht zieren, sondern kommuni-zieren.

Die Sandoz-Führungskräfte haben viele Seminare besucht, haben viele Experten und Keynote Speakers gehört. Vieles über die Theorie von „Führung und Kommunikation" ist bereits bekannt. Ein Interventionsdesign der anderen Art war gefragt. Im Rahmen eines PRO-Projektes stand der „Informationsfluss in der Matrixorganisation" als Ziel definiert. PRO ist eine Initiative, um Geschäftsprozesse und Managementprozesse zu optimieren.

Zielsetzung der Intervention
- Awareness-Bildung = Einfluss von Informationsfluss und Kommunikation auf Effizienz und Effektivität
- Jedem Teilnehmer sollen verbindlich 1 bis 3 Tools zum unmittelbaren Einsatz im Arbeitsalltag mitgegeben werden
- Nachhaltige Veränderung des Informationsflusses bzw. des Kommunikationsverhaltens
- Erfahrungen/Erkenntnisse als Multiplikatoren in den Bereichen/im Unternehmen weitergeben

Interventionsdesign
Die drei großen Wellen im Interventionsdesign stellten sich wie folgt dar:
- FOHRen: Nach einem Kick-off-Workshop mit dem Managementteam fanden drei Runden mit Führungskräften statt. Maximal besuchten 20 Teilnehmer eine Runde.
- AufTakt: Großveranstaltung mit Managementteam und Führungskräften (100 Teilnehmer). Schwerpunkt lag auf der Bearbeitung der wechselseitigen Erwartungshaltungen.
- ImTakt: Großveranstaltung – Präsentation der Umfrageergebnisse. Hauptaugenmerk wurde auf das Finden des gemeinsamen Rhythmus/Taktes gelegt.

FOHRum: Die Interventionen waren sehr stark auf das Zuhören ausgerichtet, deshalb findet sich das Ohr auch in den Formulierungen.

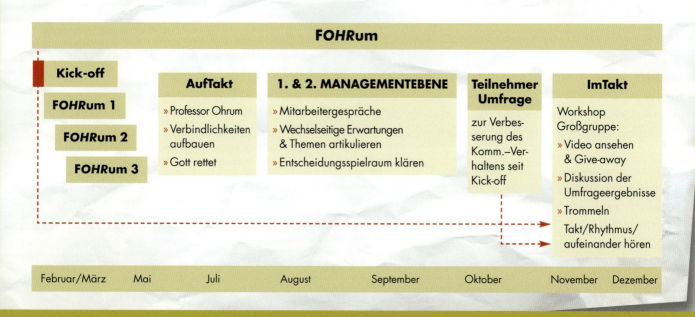

1. Pro-FOHRum — Detaildesign Kick-off-Workshop

Ziele

- Sensibilisierung des Themas „Kommunikation"
- Inhalte an die richtige Zielgruppe auf den Punkt bringen
- Reden ist Silber - zuhören ist Gold
- Menschlicher Faktor in der Kommunikation

Zeit	Aktivität	Wer
08:45–09:00	* Herr Margreiter mischt sich unters „Volk" und versucht mit der Frage „Entschuldigung. Ich bin hier neu. Ich muss mich heute hier kurz vorstellen und hab keine Ahnung, was ich sagen soll. Können Sie mir da bitte helfen?" mit den TN in Kontakt zu kommen. * Bernhard Widhalm telefoniert ungeduldig und laut. Geht gestresst hin und her. Versucht beim HörBARMann etwas zu bestellen – ohne Erfolg.	Heinz Hofbauer Bernhard Widhalm Mario Bottazzi
09:00–09:15	* Begrüßung/Warum FOHRum/Umfrageergebnisse/Herr Margreiter wird als neuer MA angekündigt, der sich später selber kurz vorstellen wird … * Sandoz-Rap (Überleitung macht BW)	Lydia Sedlmayr Mario Bottazzi Bernhard Widhalm
09:15–09:30	Einstieg: » Ziele » Ablauf » Spielregeln » Warm-up	Bernhard Widhalm
09:30–09:50	Gruppen 5 x 6 Teilnehmer » Wie wir mit n-1 kommunizieren » +/- » Wünsche, Erwartungen an Managementteam	Teilnehmer
09:50–10:35	Präsentation der Ergebnisse (Herr Margreiter stellt den einen oder anderen Punkt vor oder stellt interessiert Fragen … ergibt die Situation)	Plenum Heinz Hofbauer
10:35–10:45	Bernhard Widhalm bittet Herrn Margreiter, sich kurz vorzustellen.	Bernhard Widhalm Heinz Hofbauer
10:45–11:00	Pause	
11:00–11:30	Zuhörübung (Einweg-/Zweiwegkommunikation inkl. Paraphrasieren [Rückfragen – „Habe ich dich richtig verstanden …"])	Bernhard Widhalm
11:30–11:50	Vereinbarungen	
12:00–12:25	Abschlussrap	Mario Bottazzi Bernhard Widhalm Teilnehmer
12:25–12:30	Abschluss (nächste Schritte)	Lydia Sedlmayr

Bernhard Widhalm

Zuhörübung (Rechtecke) Mitarbeiter

Im konventionellen Interventionsdesign wurden Kommunikationsmodelle dargestellt. Um diese theoretischen Inhalte begreifbar zu machen, kamen im analogen Interventionsdesign spielerische, interaktive Elemente zur Geltung. Verstärkt noch mit zwei Typen: dem „Hörbarmann" und „dem neuen Mitarbeiter: Herr Margreiter".

Hier ein Auszug aus dem Rap, den der Hörbarmann zum Besten gab:

So mancher meint, dass es nur um Zahlen gehe – Wir sind keine Maschinen wir brauchen soziale Nähe
Ja – doch miteinander reden ist die wahre Kompetenz
Man sieht sehr viele Ziele – Vision Mission Plan
Doch nur mit Sehen wird nix geschehen – es kommt aufs Hören an
Global lokal fließt der Infofluss – Die Ohren als Führungstool sind ein Muss
Sandoz Führungskraft wird unzerstörbar – Wir hören zu machen uns hörbar. Nichts kann den Infofluss stoppen oder stören – Wir sind die Hörprofis und PRO Hören.

„Ja, auch von mir einen schönen Tag. Mein Name ist Franz Margreiter. Und ich werde demnächst hier bei Sandoz als Führungskraft anfangen. … Ich werde mich vielleicht kurz beruflich vorstellen. Ursprünglich hab ich eine Druckerlehre gemacht … die hab ich allerdings nach einer Woche abgebrochen. … Ich hab den Druck nicht ausgehalten. Und dann war ich sogar eine Zeit lang in der EDV tätig. Ich war Cola-Holer bei Motorola. Das ist der, der für die Damen in der Abteilung das Cola holt. Ich bin dann durch den Coca-Cola-light-Mann ersetzt worden. Leider. Das hat mich sehr gekränkt. Und was kränkt, macht krank. Ich hab dann eine schwere Verkühlung bekommen. … Gott sei Dank, aus heutiger Sicht. Weil mir sind dann diese Clavamox-Tabletten verschrieben worden. Und dadurch kann ich schon sagen, dass ich mich bei Sandoz recht gut auskenne. … Und das wird mir in meiner neuen Funktion sicher zugutekommen. … Ja. Nachdem ich dann wieder gesund war, hab ich dann mehrere Beschäftigungen gehabt und bin dann im Versicherungsbereich gelandet. Konkret in der Arbeitslosenversicherung. Hab mich dort weitergebildet und mehrere Beratungsansätze kennen gelernt. Vor allem Schuldnerberatung. Und dann ist durch trainerunterstütztes Jobcoaching ein klientenzentrierter Karriereplan entwickelt worden, und durch supervidierte systemische Reflexion und durch Evaluierung meiner sozialen und kommunikativen Kompetenzen ist das für mich geeignetste Berufsbild gefunden worden. … Cowboy. … Aber da ist gerade nichts gesucht worden. Und so bin ich dann Führungskraft geworden. …"

der Hörbarmann (SemiNarr)

Herr Margreiter: der „neue" Mitarbeiter (SemiNarr)

Kapitel 5

2. Auftakt

Bei der Auftaktveranstaltung trafen sich 1. & 2. Managementebene (ca. 1oo MAInnen). Der Hauptfokus bezog sich auf die wechselseitigen Erwartungshaltungen. Hier ein Auszug: Analog berichtete Prof. Ohrum (SemiNarr) über das menschliche Gehör …

Song Ohren

Ich mag Ohrn Ohrn
An Ohrn hab ich mein Herz verlorn
Ohrn – hörig bin ich Amohr
Ich mag Ohrn Ohrn
So bin ich gebohrn
Ohrn – machma ein Ohrgie

Führungskräfte sind in Schar'n do
Führungskraft bringen Ohren Sandoz
Ohren – den Ohrn gehör ich ganz allein
Nicht nur als Sandozführungstool
sind die Ohren unerhört cool
Ohren den Ohrn gehör ich ganz allein

… und wenn das nichts hilft, kann ja nur mehr einer helfen: Gott! Karel Gott: „Karel hört zu …"

Nach der Melodie von „Fang das Licht":

Hör gut zu
Nicht oberflächlich, sondern g'scheit

Frage rück
Sonst gibt es Missversteh'n und Streit
Und wenn du denkst:
kleine Schnitzer können schon passier'n
Dann vergiss nicht:
du kannst nicht nicht kommunizier'n

Hör gut zu
Und stell fest
Welche Wirkung
du beim ander'n hinterlässt

Und frag rück
Ohne dich dafür zu genier'n
Denn nur wer rückfrägt
kann ein Missverständnis korrigier'n

Erwartungen an Management-Team
23. April 2008, 09.00-12.30 Uhr

Authentisch sein – keine Maske!
Für positive Stimmung sorgen → Aufbruchstimmung! (Motivation, Offenheit, Humor,…)
Verbindlichkeit in der Aussage / Entscheidung
Qualifiziertes Feedback
Mehr Offenheit für Kritik & aktiv einfordern → (konstruktiv)
Nachvollziehbarkeit von Entscheidungen (Zusammenhänge erläutern)
Bereichsübergreifende Kommunikations-"Zentren",
Kommunikations-"Events",…

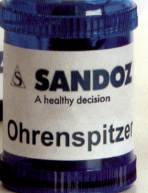
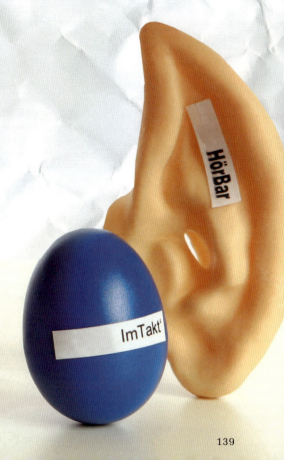

ImTakt'

Give-aways für Veranstaltungen

SANDOZ
A healthy decision

Ohrenspitzer

HörBar

ImTakt'

Summary – Auswertung 2. Managementebene

 Positiv | **Herausforderungen**

- 100% sind der Meinung, dass Kommunikation als Führungsaufgabe für Sandoz wichtig ist
- 100% sind der Meinung, dass sie Entscheidungen klar kommunizieren und begründen
- 95% sind der Meinung, dass sie Meeting-Regeln vorleben, aktiv zuhören und pro-aktiv nachfragen

- Bei 62% gab es kein Update des eigenen Jobprofils
- 40% sind der Meinung, dass sich die Kommunikation mit dem Vorgesetzten nicht verbessert hat
- Bei 29% hat sich die Verbesserung der Kommunikation nicht positiv auf die Arbeit ausgewirkt
- 27% fordern kein Feedback vom Vorgesetzten ein

* 45 Personen von 85 rückgemeldet (Rücklaufquote 53%)

ImTakt

Organisation des Infoflusses	Führen durch Kommunikation	Meeting + E-Mail-Regeln
Globale Information • Bereichsmeetings, Jour-fixe • E-Mail **Standort Information** • Connect, Intranet, Umfrage d. Woche • MA Brief, MA Info, Plasma **Bereichsleiter Information** Zentrale Erkenntnis: Bereichsleiter sind wichtigster Baustein bei der Weitergabe von Informationen 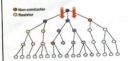	**Awareness für alle schaffen** • MA Brief, MA Info • Infotreff • Connect • MA haben Recht auf Info => Info einfordern **Training & Coaching** • Workshops für Führungskräfte • Coaching: Sprechstunde, Teilnahme von n-1 an Abteilungssitzungen, Rundgang **Management Corner** • Veranstaltung für Führungskräfte, Fachexperten **„Ask Meijnders"** • Health Check	**10 Meeting Spielregeln** • Plakate in Meetingräumen • Meeting Notizblock mit Spielregeln • Uhr in allen Meetingräumen **8 Email Spielregeln** • Mousepads mit Email Regeln • Email Regeln im Start Email für Neuanwender inkludiert **Sandoz Kundl Schulungskatalog** • Mehr Effizienz in der Büroarbeit – Uwe Pötzl; Moderation für Meetings - Wolfgang Koch **Umfrage Meeting Effizienz**

Ergebnis

Kommentare aus Kundensicht

**Lydia Sedlmayr,
PRO Projektleiterin**

Ausgangssituation

In der Matrixorganisation fließen Managementinformationen oft nicht so reibungslos wie gewünscht. Mitarbeiter sind oft unterschiedlich informiert und dadurch entsteht Unzufriedenheit und Unsicherheit. Das hat uns veranlasst, die Verbesserung der Kommunikation zwischen Vorgesetzten und Mitarbeitern aufzugreifen. Gemeinsam mit den SemiNarren wurde dies auf humorvolle Art angegangen. Wir haben bewusst einmal einen etwas anderen Zugang gewählt, um eine Sensibilisierung für das Thema Kommunikation zu erreichen. Wir machen „Spaß mit Sinn" – so lautet das Mottto der SemiNarren und es ist uns einerseits gelungen, den menschlichen Faktor der Kommunikation herauszustreichen und andererseits, uns auf konkrete Umsetzungsschritte zu einigen.

Prozessverlauf

Wir haben ein Programm über mehrere Monate gestartet. In der Kick-off-Veranstaltung hat das Managementteam seine Erwartungen an die nächste Führungsebene bezüglich Kommunikationsverhalten dargebracht. Anschließend gab es Workshops, so genannte Kommunikationsforen, in denen die nächste Führungsebene (direkte Mitarbeiter des Managementteams) ihre Erwartungen bezüglich Kommunikationsverhalten an das Managementteam äußerte. Ein paar Wochen später wurden in einem gemeinsamen Workshop die gegenseitigen Erwartungen präsentiert und diskutiert. Das Ergebnis des halben Tages waren konkrete Vereinbarungen, um das Kommunikationsverhalten zu verbessern. Ein paar Wochen später wurde in einer Umfrage abgefragt, was sich seit dem Festlegen der Vereinbarungen verändert hat. Die Ergebnisse daraus wurden wiederum in der Endveranstaltung präsentiert und diskutiert.

Zentrale Erkenntnis

Kommunikationsverhalten ist sehr individuell und kann nicht verordnet werden. Es kann die „Awareness" für die Wichtigkeit von Kommunikation als Führungsaufgabe vermittelt werden. Die Umsetzung von konkreten Verbesserungen hängt ganz stark von den einzelnen Persönlichkeiten ab. Wichtig ist, das Thema immer wieder in Erinnerung zu rufen und seine Wichtigkeit zu betonen.

Zufriedenheit und Ziele erfüllt

Ich bin mit dem Ergebnis zufrieden. Wichtig war, die Leute aktiv einzubinden, sie abzuholen und trotz der aufgelockerten Atmosphäre in den Workshops konkrete Vereinbarungen zu treffen. In diesem Sinne ist auch eine regelmäßige Erfolgsmessung unbedingt notwendig, um Verbesserungen wie bei allen Verbesserungsprozessen nachvollziehen zu können. Dies ist uns gut gelungen, indem wir die Betroffenen direkt befragen, Ergebnisse auswerten, diskutieren und veröffentlichen.

**Ernst Meijnders,
CEO Sandoz GmbH**

Führungskräfte sind die wichtigsten Bausteine bei der Weitergabe von Managementinformationen. Mitarbeiter haben das Recht auf Information, daher ist regelmäßige Kommunikation unerlässlich und fördert eine gute Zusammenarbeit zwischen dem Vorgesetzten und seinen Mitarbeitern. Genau hier setzt das PRO Projekt „Führen durch Kommunikation" an: Kommunikation ist das Thema Nummer 1 und das wollten wir in den Veranstaltungen mit den SemiNarren ins Bewusstsein rufen. In Workshops wurden auf etwas andere Art und Weise Ziele erarbeitet und konkrete Umsetzungsmaßnahmen formuliert.

Gerade beim Thema Kommunikation kam die humorvolle und abwechslungsreiche Herangehensweise sehr gut bei den Teilnehmern an, denn Kommunikation hat sehr viel mit Einfühlungsvermögen und Verständnis zu tun und wir wollten bewusst keine klassischen Workshops veranstalten. Die Veranstaltungen mit den SemiNarren waren ein gelungener Auftakt für eine langfristige Verbesserung unseres Kommunikationsverhaltens – nun liegt es an uns selbst, das Erlernte tagtäglich umzusetzen.

**Julia Ager-Gruber,
Leiterin Unternehmenskommunikation**

Dem Thema Kommunikation wird vielfach zu wenig Bedeutung beigemessen. Im Alltagsstress ist es für Führungskräfte oft nicht ganz einfach, Zeit für die Kommunikation mit den Mitarbeitern frei zu machen – und zwar regelmäßig und nicht erst, wenn sprichwörtlich „der Hut brennt". Natürlich geht es aber nicht nur darum, wie oft, sondern ganz entscheidend auch darum, wie man kommuniziert. Denn Kommunikation hat ein konstantes Ziel, nämlich Verständigung zu erreichen, und das kann nur gelingen, wenn der Empfänger die mitgeteilte Aussage so versteht, wie sie vom Sender gemeint ist. Eine Partnerübung im Rahmen der Workshops mit den SemiNarren hat dies sehr gut verdeutlicht und gezeigt, dass Zuhören und Nachfragen wesentliche Aspekte einer erfolgreichen Kommunikation sind. Generell bin ich der Meinung, dass es gemeinsam mit den SemiNarren gelungen ist, Führungskräfte für das Thema Kommunikation und dessen Bedeutung für eine erfolgreiche Erreichung der Unternehmensziele zu sensibilisieren. Ich wünsche mir, dass diese Erkenntnis dauerhaft erhalten bleibt, und möchte mich bei den SemiNarren für die abwechslungsreichen Workshops bedanken.

Kapitel 5

UMB
von Uwe Sachs und Raschid D. Sidgi

Fallbeispiel 4

UMB
Ausgliederung eines Fachbereichs in eine eigenständige GmbH

Ausgangssituation

Die R+V Versicherung hat aus dem Fachbereich Beitragseinzug rund 70 der 220 Mitarbeiter in eine eigene Gesellschaft, die UMB GmbH (Unternehmens Management Beratung), ausgegliedert, die sich vor allem mit dem Thema „Forderungsmanagement und Adressmanagement" beschäftigt.

Gleichzeitig sind die verbliebenen Mitarbeiter durch eine SAP-Einführung ebenfalls einem (technikgetriebenen) Changeprozess unterworfen. Der HR-Bereich wurde damit beauftragt, diese beiden Veränderungsprozesse mit einem professionellen Changemanagement zu begleiten.

Die UMB GmbH wurde per 01.01.2008 aus der R+V ausgegliedert. Die Übersiedelung an den neuen Standort ist per 01.04.2008 erfolgt. Die UMB strebt in ihren überführten Geschäftsfeldern im Forderungs- und Adressmanagement eine Optimierung von Forderungsrealisierung in Verbindung mit Kostenmanagement an. Die so verfolgte Wertbeitragssteigerungsstrategie setzt dabei auf gezielte Schwerpunkte, wie den effizienten Einsatz von Inkassostandardsoftware mit Standardschnittstellen, ein zielgerichtetes Reporting und Controlling, eine aktive und kundenwertorientierte Bearbeitung sowie die Konzentration auf Kernkompetenzen. Zu den Aufgabenfeldern zählen unter anderem auch die Bearbeitung von Alttiteln, Regressen und Prozessen.

Zielsetzung

Neben der Etablierung von zwei funktionsfähigen Einheiten war das erklärte Ziel eine Mehreinnahme von 24 Millionen Euro pro Jahr im Fachbereich Beitragseinzug bzw. der UMB. Der HR-Bereich hatte zusätzlich das Ziel, „Changemanagement" als Kernkompetenz von HR für Changeprojekte in der R+V zu etablieren.

Im ersten Schritt war es den Verantwortlichen wichtig, die Identifikation der Mitarbeiter mit der neuen Gesellschaft sicherzustellen und eine Unternehmenskultur zu etablieren, die letztlich die Eigenständigkeit und Arbeitsfähigkeit gewährleistet. Im zweiten Schritt sollten dem HR-Bereich eine Architektur und Umsetzungspläne zur Verfügung gestellt werden, die es ermöglichen, den Veränderungsprozess selbständig und eigenverantwortlich mit der Geschäftsführung der UMB weiterzuführen.

Das konventionelle Interventionsdesign

Der Zielsetzung entsprechend wurde folgendes Grobdesign entwickelt:
1. Interviews der Mitarbeiter und Gruppenleiter der UMB
2. Beobachtungspapier mit Ergebnissen und Thesen
3. Entwicklung einer Change-Architektur
4. Führungskräfte-Workshop zur Evaluierung der Ergebnisse und Maßnahmenplanung

Interviews

Die Interviews wurden in mehreren Runden durchgeführt. Separat wurde die Stimmung unter den Gruppenleitern und der Belegschaft erfragt und zusammengefasst, um ein umfangreiches und differenziertes Stimmungsbild zu erhalten. Bereits die Durchführung der Interviews war ein deutliches Signal für die Beteiligten, dass seitens der Geschäftsführung „etwas" passiert, und wurde als Wertschätzung wahrgenommen. Die Bereitschaft, aktiv zu kooperieren, war daher nach einer kurzen Phase der Verunsicherung gewährleistet und gleichzeitig mit einer hohen Erwartungshaltung verknüpft, dass die Aussagen zu konkreten Verbesserungen der Situation führen. Die Mitarbeiter hatten von Beginn an das Gefühl, in ihren Anliegen ernst genommen zu werden, und nutzten die Gelegenheit, alle Themen, die ihnen auf der Seele lagen, zu platzieren.

Beobachtungspapier

Die Aussagen und Beobachtungen aus den Interviews der Gruppenleiter wurden unter den Rubriken

» Arbeitsanforderungen und „Gruppenklima"
» „Stimmungshemmer" – organisatorische und strukturelle Probleme
» Führungskultur innerhalb der UMB
» Beurteilung der UMB – Strategie und Ziele

gesammelt und zusammengefasst.

Bei den Mitarbeitern wurden die Beobachtungen unter folgenden Punkten erfasst und dokumentiert

» Arbeit und Aufgabenstellung in der UMB
» Stimmung innerhalb der UMB
» Unmut und Kritik
  » Infrastruktur
  » Kommunikation intern/extern
  » Kultur
» Ausblick für die Zukunft
  » Best Case
  » Worst Case
» Wenn jetzt nichts passiert?

Als Ergebnis der Interviews wurden folgende Thesen bzw. Schlussfolgerungen von den Beratern der next level consulting zusammengetragen:

Arbeitsanforderungen/„Gruppenklima"

» Die genannten organisatorischen Probleme und Fragestellungen, wie Kantine und Parkplatz, haben einen großen Stellenwert bei den Mitarbeitern und sind Tagesgespräch. Hier sollten Fakten geschaffen werden, was bis wann umgesetzt wird und was nicht!
» Die Teamstrukturen innerhalb der UMB sind unterschiedlich aufgestellt hinsichtlich Qualifikation, innerbetrieblicher Herkunft (Historie) und Belastbarkeit. Im weiteren Verlauf des Prozesses sollte dies hinsichtlich Kommunikation, Strukturen und Unterstützung einzelner Verantwortlicher berücksichtigt werden.

Führungsstruktur innerhalb der UMB

» Derzeit gibt es keine gemeinsame Sichtweise der Verantwortlichen in der UMB über die Ausgestaltung der einzelnen Funktionen und Rollen.
» Die Klärung der Führungsstrukturen, die Abgrenzung der Funktionen und Rollen innerhalb der UMB und zur R+V sowie Vollmachten und Befugnisse sind daher zeitnah festzulegen und zu kommunizieren.
» Etablierung klarer Kommunikationsstrukturen über alle Ebenen innerhalb der UMB und an den Schnittstellen zur R+V
» Klärung von Ansprechpartnern für die Abteilungsleiter der R+V „auf Augenhöhe"

Beurteilung UMB-Strategie/-Ziele

» Eine verständliche Formulierung und Kommunikation der UMB-Ziele und Hintergründe auf den einzelnen Ebenen innerhalb der UMB und R+V ist bisher nicht ausreichend bzw. gar nicht erfolgt.

» „Sind wir wichtig?" – Hierüber herrscht Unklarheit bei den meisten UMB-Mitarbeitern.

» Das sinnstiftende Element der neuen GmbH ist für die meisten Mitarbeiter nicht vorhanden („Warum sollen wir das, was jahrelang gut gelaufen ist, jetzt anders machen?").

» So lange nur ein Teil der Mitarbeiter unter neuem Namen „UMB" auftritt, kann eine Identifikation mit dem Unternehmen nicht erfolgen.

» Es muss jetzt rasch und erkennbar für die Mitarbeiter gehandelt werden. Vordergründig wichtig sind sicherlich die Probleme der Infrastruktur – hier sollte regelmäßig kommuniziert werden, welche Änderungen vorgenommen werden und welche nicht, und dies sollte begründet werden.

» Hintergründig geht es um Anerkennung und Wertschätzung. Das heißt, gerade im kulturellen Bereich sollte viel Energie investiert werden. Neben dem geplanten „Tag der offenen Tür" für die alte Abteilung „Beitragseinzug" der R+V sollten gezielt Veranstaltungen nur für die UMB-Mitarbeiter organisiert werden, damit sie sich untereinander finden können.

» Die Mitarbeiter, die aufgrund der fehlenden IT noch nicht unter dem Namen „UMB" arbeiten können, sollten in das Projekt UMBIT mehr involviert bzw. über dessen Fortgang besser informiert werden (Stiftung von Sinn bezüglich der Ausgliederung und des Umzugs!).

Kapitel 5

Die Architektur etabliert drei Ebenen, um den Veränderungsprozess zu steuern und zu monitoren:

Veränderungsebene

Hier werden alle Aktivitäten des UMB-Veränderungsprozesses erfasst und im zeitlichen Verlauf dargestellt. Auf diesem ersten Entwurf sind beispielsweise die Interviews als konkrete Maßnahme dargestellt, wobei die folgenden Aktivitäten unter „Changemaßnahme 2008" gebündelt sind, da diese erst noch durch das Changeteam auf der mittleren Ebene konkretisiert werden mussten.

Gestaltungsebene

Auf der mittleren Ebene ist das Gestaltungsteam bestehend aus drei Gruppenleiterinnen, einem Personalentwickler/ Moderator und drei weiteren Mitgliedern etabliert. Das Changeteam organisiert und führt analog einem Projektteam in enger Abstimmung mit dem Auftraggeber (Geschäftsführer der UMB) alle Aktivitäten auf der Veränderungsebene.

Reflexionsebene

Die dritte Ebene mit dem Soundingboard, das interdisziplinär und interhierarchisch zusammengesetzt ist, etabliert einen strukturierten Feedbackprozess die geplanten, laufenden und beendeten Aktivitäten betreffend.

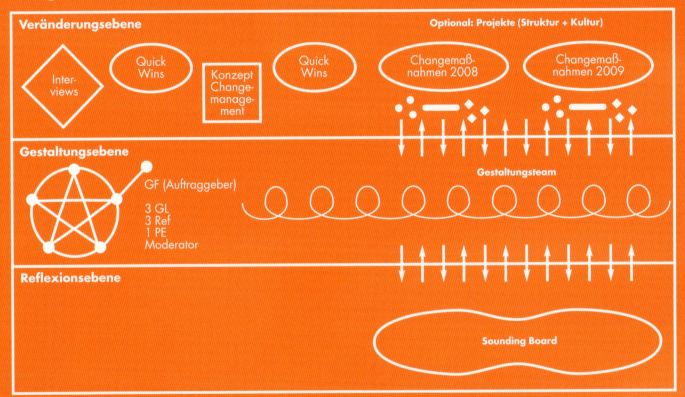
Abbildung: Change-Architektur UMB Stand 17.06.2008

Evaluierung der Ergebnisse im Führungskräfte-Workshop

Die Abbildung zeigt die abgeleiteten Themen aus den Beobachtungen aufgeteilt auf die Bereiche Strategie, Struktur und Kultur. Damit hatte das Gestaltungsteam eine Struktur, um im Folgenden Maßnahmen auf der Veränderungsebene abzuleiten. Darüber hinaus wurde ein Status der Sofortmaßnahmen und noch offenen Punkte erarbeitet und dargestellt.

Parkplätze
- Info ist erfolgt
- Vergabe von 30 Parkplätzen (nach Vergabekriterien) erfolgt
- Private Anmietung von Parkplätzen ist möglich
- Lösungsoptionen werden noch gesucht (Mitarbeiterinitiative); Steckkartenlösung

Kantine
- Info ist erfolgt
- 30 Mitarbeiter und Praktikanten haben Essenskarten nach Vergabe (Aegis-Media)
- Review Ende Juli bezüglich weiterer Essenskarten

Aufenthaltsraum
- In Diskussion
- Klärung mit Vermieter bezüglich geeigneter Raumoptionen

Brandschutztüren
- In Diskussion im Führungskreis

Blumen, Bilder
- Bilder und Rahmen sind geliefert
- Blumen sind geliefert
- Organisation Bilder aufhängen/Blumen aufstellen erfolgt

Toiletten
- In Diskussion
- Im Umbau

Außenraucherecke
- Offen

Des Weiteren wurden Führungskräfte-, Teamentwicklungs- und Strategie-Workshops entwickelt, die die Verantwortlichen der UMB dabei unterstützen sollten, Leitbild und Strategie zu entwickeln sowie Ablauforganisation, Führungs- und Kommunikationsstrukturen zu etablieren. Ebenfalls wurden konkrete Vorschläge zur Umsetzung der Kommunikationsstruktur (Internet – Intranet) erarbeitet. Auf der konventionellen Seite standen nun umfangreiche Ansätze für die Umsetzung zur Verfügung. Gleichzeitig wurde darauf hingewiesen, dass alle Maßnahmen nur dann

Kultur

Check Selbstverständnis
Alleingelassen werden vs Empowerment

Augenhöhe AL (R+V) und GL

Wertschätzung von Führungskräften

„Wir und Die" Trennung, Abschied …

Feedback-Kultur

Einstellung MA

$E = Q \times A$

Unternehmen, Organisation, Projekt

Strategie

Identität schaffen
Check Briefkopf R+V bis 2010

Transparenz zu Strategien sicherstellen
Strategieprozess/Strategiecontrolling

Ausrichtung der Leistungen UMB klären
Klärung Arbeitsgebiete Gruppen

Leistungsanspruch definieren

Struktur

Strukturen etablieren
Kommunikation, Führung, Organisation

FK-/MA-Entwicklung sicherstellen
Fachliche und persönliche Ebene

Abbildung: Maßnahmen in den Bereichen Strategie, Struktur und Kultur

Kapitel 5

erfolgreich umgesetzt werden könnten, wenn Akzeptanz bei den Beteiligten sichergestellt ist. Dass dies über den rein konventionellen Zugang nicht zu verwirklichen ist, war den Verantwortlichen durchaus bewusst. So wurde für die geplanten Events Ende 2008 und Anfang 2009 die Idee zur Entwicklung einer Changefigur geboren.

Analoge Intervention
Für den UMBau wurde eine Kunstfigur geschaffen: „Mahni der Baumeister". Er soll als Eventbegleiter im Stile einer klassischen analogen Intervention auftreten.

Konzeption
Ziel war es, eine Figur für die UMB zu kreieren, die zum einen der Identifikation mit dem Changeprozess „UMB als eigenständiges Unternehmen" und dem damit verbundenen strukturellen Umbau der Firma dienen kann und zum anderen die Stimmungen und Befindlichkeiten in der Belegschaft der UMB auf eine neue Art und Weise spiegelt.

Dadurch sollte einer positiven und konstruktiven Auseinandersetzung mit dem Changeprozess der UMB Vorschub geleistet werden. Zur Recherche und zum „Eintauchen" in das Thema UMB wurden mehrere Gespräche zwischen Herrn Tatzel, verantwortlicher Personalentwickler der R+V, und Herrn Sidgi von den SemiNarren geführt, bevor die erste Designskizze abgeliefert wurde. Dabei wurde ausgetauscht, was es an aktuellen Befindlichkeiten in der UMB gibt und wie eine Figur wie Mahni angelegt sein könnte, um genau diese Befindlichkeiten zu spiegeln.

Einige Zeit vor dem ersten Auftritt von Mahni (auf einer Vollversammlung der UMB) bezog die UMB neue Räumlichkeiten. Diese waren beim Einzug noch nicht im perfekten Zustand, hier und da wurde noch an der Einrichtung gearbeitet, es wurden kurzfristig Büroräume zu Projektplätzen umfunktioniert, es gab noch keinen Aufenthaltsraum und so weiter.

Dies alles nährte in der Belegschaft das Gefühl, man arbeite momentan nur mit Notlösungen und zwischenzeitlichen Gegebenheiten. In noch nicht fertigen Räumen arbeiten zu müssen bedeutete für die UMB-Mitarbeiter auch, dass man oft nicht die Konzentration auf das Eigentliche hatte, immer wieder von Widrigkeiten gestört war.

Also wurde beschlossen, dass Mahni als jemand auftritt, der gerade im Moment der Vollversammlung mit einer Umbaumaßnahme an den Räumlichkeiten beschäftigt ist und so die Veranstaltung und die Konzentration stört.

Die Figur Mahni

Mahni ist Handwerker, der mit Umbauarbeiten im Gebäude der UMB beauftragt wurde. Er ist ein eher bodenständiger Familientyp (verheiratet, zwei Kinder), sein Partner in der kleinen Handwerkerfirma ist sein Schwager Jorgos aus Griechenland. Er ist eine ehrliche Haut und sagt meist, was er denkt. Mahni ist ein ausgesprochen positiver und lebensbejahender Typ. Für ihn gilt das Motto: Geht nicht, gibt's nicht, höchstens, geht noch nicht oder geht nicht ohne speziellen Einsatz. Er ist nicht der Typ, der sich in den Vordergrund drängt, aber wenn er einmal im Mittelpunkt ist, kann er richtig loslegen. Mahni ist eindeutig ein Gefühlsmensch, er versucht stets vernünftig zu handeln, letztendlich entscheidet aber sein Bauchgefühl. Ein lustiger Kumpel, immer mit einem lockeren Spruch auf den Lippen. Es fehlt ihm manchmal an Gespür für die Situation und an taktischem Vermögen.

Ein wenig tollpatschig ist er natürlich auch. Er singt bei der Arbeit und philosophiert ab und zu ein wenig vor sich hin. Seine Weisheit besteht aber letztlich aus seiner positiven Einstellung dem Leben gegenüber und dem Drang, einfach loszulegen.

Da Mahni von der UMB beauftragt wurde, aber nicht UMB-Angestellter ist, kann er sowohl eine Innensicht als auch eine Außensicht auf die Firma vermitteln. Dies geschieht immer in eigenen Worten, als Figur überhöht und erdig, so wie Mahni eben ist. Er kann in seiner ganz eigenen Art Themen ansprechen, die eigentlich tabu sind. Beispiel: „Wie sieht's aus, Herr Polle (GF UMB), wie steht's denn um die Finanzen bei der UMB? Ich meine, ich will ja schließlich von Ihnen bezahlt werden …"

Mahni erzählt als Fachmann für Umbauten aus seinem Leben und von seinen Erfahrungen als Umbauer. Er berichtet vom Vorher – Nachher und vom Gefühl, etwas geschafft und geschaffen zu haben. Er kann in seiner Eigenschaft Metaphern für Vorgänge in der UMB finden, ohne diese konkret und problematisierend anzusprechen. Mahni verabschiedet sich sehr positiv gestimmt von den Teilnehmern und macht sich an die Arbeit.

Analoges Interventionsdesign für die zweite Veranstaltung

Grundsäzliches

Mahni wurde bereits als Figur mit speziellen Eigenschaften eingeführt und ist bei der UMB-Vollversammlung aufgetreten. Die Figurenbasis sollte im Wesentlichen beibehalten und weitergeführt werden. Seine Eigenschaften wären zum Beispiel: seine Positivität und sein sonniges Gemüt, sein energiereiches, fast schon polterndes Auftreten oder sein „Dazwischenfunken", das ihn zum humorvollen Störenfried macht, seine Emotionalität.

Grundidee für den Auftritt von Mahni bei der Jahresfeier ist, ihn – natürlich durch sein etwas ungeschicktes „Dazwischenfunken" – zum Co-Moderator des offiziellen Inputs werden zu lassen. Er würde also sehr direkt Herrn Polle bei seiner Rede begleiten und als Reflektor, Frager und Stichwortgeber agieren. Am Ende des Inputs ist Mahni emotional so aufgeladen, dass er spontan zur Gitarre greift und einen Song für die Mitarbeiter der UMB zum Besten gibt. Die dem Skript zugrunde liegenden, emotionalen Botschaften wären: Was ist im letzten Jahr bei der UMB geschehen? Toll, was da geschafft wurde! Wie geht's weiter? Was auch immer kommt, mit diesen Mitarbeitern ist das zu schaffen! Also los, in die Hände gespuckt und auf geht's!

Kapitel 5

Wann	Was	Wer
17:00	Letzte Absprachen zur Veranstaltung	Raschid D. Sidgi
17:45	Eintreffen der Teilnehmer	(Herr Polle & Herr Tatzel)
18:00	Beginn der Veranstaltung	

Herr Polle (begrüßt die Mitarbeiter, nach ca. 2 Minuten poltert Mahni herein)

Mahni (laut, auffällig) Oh, Sie haben schon angefangen … Ähm, ja hallo, sorry, Herr Polle, ich bin ein wenig spät. Es war aber auch heute … Ich sage Ihnen, so viel zu tun, ach, ich bin noch ganz aus der Puste …

Herr Polle (begrüßt Mahni) Schön, dass Sie kommen konnten. Wie geht's, läuft der Laden?

Mahni Klaro, ich meine, es könnte immer besser sein, aber man soll ja nicht ständig meckern, ne. Mahni fährt fort, seine Situation und wie es ihm geht auszuführen … Umbauten, Familie, sein Schwager usw. Er hat schon jede Menge geschafft, aber da wartet noch ein Riesenberg Arbeit auf ihn und so weiter und so fort …
» Man kann auf sich stolz sein, wenn man schon viel geschafft hat, darf aber nicht nachlassen.
» Mit einem Lachen zurückschauen, auch auf das, was nicht so ideal war, mit Elan und Vorfreude in die Zukunft blicken.
Aber Ihr Auftrag ist so gut wie erledigt, obwohl Jorgos heute früher los musste. Da war ich jetzt zwei Stunden allein auf der Baustelle … Aber egal, jetzt isses ja erledigt: Der Pausenraum für die UMB is so gut wie fertig … Was schauen Sie denn so, Herr Polle, ist irgendwas nicht in Ordnung?

Herr Polle	(versucht sich zu sammeln) Naja, die Mitarbeiter wissen noch gar nichts vom Pausenraum, damit wollte ich sie gerade überraschen, vielen Dank, Mahni …
Mahni	(bemerkt, dass er ein wenig über die Stränge geschlagen hat, und zieht sich zurück mit Sätzen wie:) Ups, das ist jetzt blöd … Da sind wohl mal wieder die Pferde mit mir durchgegangen … Sorry, tut mir leid, da müssen Sie doch was sagen, Herr Polle … Ich setze mich einfach hierher, okay …
Herr Polle	fährt fort und beginnt mit dem Resümee.

An bestimmten Stellen fungiert Mahni als Frager oder Stichwortgeber. Dafür müssten einige Themen, zu denen Herr Polle etwas sagt, ausgetauscht werden. IKAROS, EDV der R+V, UMBIT, Kunden.

Herr Polle	gibt einen Ausblick auf das, was auf die UMB zukommt.

Ziele und Vorgaben, technische Neuerungen

Mahni	(entdeckt die Plexisäule und macht sich daran zu schaffen) Sagen Sie, Herr Polle, nur ganz kurz, könnte ich dieses tolle Plexirohr haben, brauchen Sie das noch? Das wäre nämlich ein ganz hervorragender Warumluftsammler. Den könnte ich für einen ganz speziellen Umbau gebrauchen. Sieht auch irgendwie toll aus …
Herr Polle	(halb lachend, halb empört) Also, Mahni, das geht wirklich nicht. Diese Säule brauchen wir sehr wohl, und was da drinnen ist, hat mit heißer Luft auch ganz und gar nichts zu tun.

Kapitel 5

Einführung der Säule und Erklärung, was es damit auf sich hat

Herr Polle beendet seinen Ausblick mit einem motivierenden Motto für die nächste Zeit: Money für die UMB

Mahni (ist sofort hingerissen vom Motto) Toll, das ist wirklich ein wunderbarer Leitsatz … Den werde ich mir zu Herzen nehmen. Ich glaube fast, den werde ich in meinem Team auch verwenden. Also mein Team ist noch sehr klein, das sind eigentlich nur mein Schwager und ich, aber helfen wird das Motto sicher trotzdem. Klingt auch irgendwie wie ein Songtext, wie ein Refrain, oder? Ich spiele ja auch ein wenig Gitarre. Was meinen Sie, Herr Polle, könnte ich mal kurz, ich meine, Ihren Slogan vertonen?

Mahni (ohne die Antwort abzuwarten zur Gitarre) singt einen Song mit dem Motto.

Kernbotschaften des Textes:
» Los geht's, wir schaffen, was wir uns vorgenommen haben!
» Wie schwierig eine Aufgabe auch ist, in einem Team wie dem unseren wird sie bewältigt!
» Habt Spaß mit dem, was ihr tut, dann lohnt es sich, sich einzusetzen!
» Alle UMBauten machen wir für die Zukunft des Teams und damit für uns.

Herr Polle bedankt sich bei Mahni, Mahni bei Herrn Polle.
Allen Mitarbeitern wird viel Spaß gewünscht und das Buffet wird eröffnet. Feier.

Durchführender SemiNarr

Raschid D. Sidgi

Raschid D. Sidgi ist der Autor, Komponist und Performer des Songs und verkörpert Mahni.

Beobachtungen von Raschid Sidgi

1. Veranstaltung – Mahni bei der UMB-Vollversammlung

Das Design für diese Veranstaltung wurde in mehreren Runden immer wieder korrigiert und an die momentanen Themen der Vollversammlung und in der UMB angepasst. Schließlich wurde entschieden, Mahni als eine Art Störfaktor in die Veranstaltung treten zu lassen.

Aus der Reaktion des GF Herrn Polle auf diesen Störfaktor sollte dann aus Mahni eine Art unterhaltender Gegenpart zu den Referenten entstehen, der immer wieder mit Fragen oder Reflexionen dazwischenfunkt. Gegen Ende der Versammlung sollte dann Mahni dazu eingeladen werden, doch auch beim nächsten Mal, wenn sich die ganze Belegschaft trifft (zur Jahresfeier), wieder dabei zu sein. Durch seine Interventionen sollte Mahni sowohl strukturierend als auch auflockernd wirken.

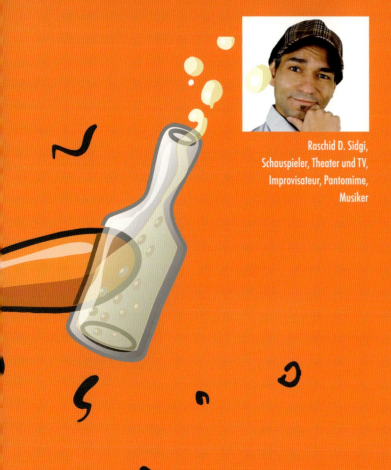

Raschid D. Sidgi,
Schauspieler, Theater und TV,
Improvisateur, Pantomime,
Musiker

Kapitel 5

Die Entscheidung für Mahni als anfänglichen Störfaktor stellte sich als ausgesprochen richtig heraus. Schon während der Eröffnungsworte durch Herrn Polle war Mahni durch die Scheiben des Versammlungsraumes zu sehen, wie er irgendetwas suchte – offensichtlich einen Raum. Vorsichtig betrat er den Versammlungsraum und begann die Tür zu untersuchen, etwas auszumessen und so weiter. Er kroch mit seinem Zollstock durch den Raum, um Messungen auf dem Fußboden vorzunehmen, bat zwischendurch einige Teilnehmer, kurz die Füße zu heben.

Wie mit Herrn Polle abgesprochen, ließ der sich nicht von Mahni stören, sondern schaute nur kurz irritiert. Obwohl Mahni versuchte, so leise und unauffällig wie möglich zu sein, stellte er natürlicherweise und beabsichtigt eine wirkliche Störung der Veranstaltung dar. Er stieß sich den Kopf, flüsterte hörbar und so weiter. Nach circa drei Minuten kam es zu Protest seitens einiger UMB-Angestellter. Sie sprachen Mahni mit deutlichen Worten an. Sinngemäß: „Jetzt reicht's aber, sehen Sie nicht, dass wir hier eine Versammlung haben? Das stört wirklich … Was machen Sie eigentlich hier? Herr Polle, entschuldigen Sie, aber das geht doch nicht …" Auch Herr Polle fühlte sich jetzt genötigt zu unterbrechen und Mahni anzusprechen, um eine Erklärung zu erhalten. Erst jetzt wurde den meisten Mitarbeitern klar, dass es sich hier um eine Kunstfigur handelte.

Der Störfaktor wurde im Weiteren mit jedem Wort mehr zum Sympathieträger. Einige Mitarbeiter empfanden Mahni als unnötigen Zusatz zu der Veranstaltung. Das Gros jedoch verließ den Versammlungsraum mit einem Lächeln und mit einer gewissen positiven Energie, und das, obwohl durchaus ernste Themen auf der Agenda gestanden hatten. Auch war die erste Reaktion auf Mahni durchaus ein Ausdruck von großer Identifikation der Mitarbeiter mit der UMB. Und das wiederum war ein wichtiges Zeichen für alle Anwesenden, also Geschäftsführung und Mitarbeiter.

2. Veranstaltung – Jahresfeier der UMB

Wie bei der ersten Veranstaltung wurde im Vorfeld entschieden, Mahni als einen Störfaktor auftreten zu lassen. Diesmal jedoch – weil Mahni den Leuten schon bekannt war – als einen willkommenen. Es wurde behauptet, Mahni komme zu spät, weil er noch mit den letzten Arbeiten seines aktuellen Projektes beschäftigt sei, nämlich im neuen Pausenraum der UMB-Mitarbeiter.

Diesmal sollte Mahnis Auftritt eindeutig unterhaltsamen Charakter haben und auf diese Weise die UMB-Identität stärken. Den Höhepunkt seines Auftritts stellte der Song „Money, Money, Money für die UMB" dar, den Mahni frei nach ABBA als Motivationssong mit Gitarre zum Besten gab. Diesmal waren die Einwürfe Mahnis so gebaut, dass sich quasi eine Doppelmoderation mit GF Herrn Polle ergab.

Beispiel
Mahni: „Herr Polle, 'tschuldigung, dass ich zu spät komme, ich hatte echt noch so viel zu tun mit dem Auftrag von Ihnen. Und dann musste heute der Jorgos auch noch früher los, wegen seiner Frau, meiner Schwester, Sie wissen schon, da war ich die letzten Stunden allein auf der Baustelle … Aber jetzt ist es ja geschafft: Der neue Pausenraum für die UMB ist fertig … Was haben Sie denn? Warum schauen Sie mich denn so an?"
Herr Polle: „Ja, wissen Sie, Mahni, die Belegschaft weiß noch gar nichts von dem Pausenraum. Damit wollte ich sie gerade überraschen, vielen Dank, Mahni …" „Ups, das ist jetzt blöd, was …" und so weiter.

Kapitel 5

Mahni war an diesem Abend noch eine Zeit lang Gast auf der Feier, konnte so in viele Gespräche hineinhören und wurde direkt angesprochen. Grundsätzlich wurde Mahni als sehr positives Mittel aufgenommen und sein Song wurde noch einige Male angestimmt. Einige Leute fragten neugierig nach dem Leben Mahnis und des Schauspielers dahinter.

Es wurden Erinnerungsfotos von Mitarbeitern mit Mahni gemacht und es wurde darüber reflektiert, ob Mahni und der Schauspieler des Mahni einen positiven Eindruck von der Belegschaft der UMB hätten. Alles Ausdruck dessen, dass Mahni als Figur, die das Reflektieren über die Betriebskultur fördert und die Identifikation mit der Firma steigert, ziemlich gut funktioniert hat. Aus der Belegschaft ist der eindeutige Wunsch geäußert worden, dass Mahni zu gegebenem Anlass noch einmal in Aktion tritt.

Fazit und Ausblick

Mahni war beim größten Teil der Belegschaft ein Erfolg. In etwaigen Folgeauftritten müsste die Figur Mahni noch feiner ausgearbeitet werden. Von der Akzeptanz in der UMB her könnte Mahni jetzt noch gezielter in die Tiefe der Themen gehen. In jedem Fall fand seine grundpositive Einstellung schon nach den wenigen Auftritten einen Widerhall in der Belegschaft. Dass genau das erreicht wurde, ist nicht zuletzt der ausgesprochen gewinnbringenden Zusammenarbeit mit Geschäftsleitung und Personalentwicklung zuzuschreiben. Da wurde genau überlegt: Was will ich eigentlich vermitteln und wie können sich alle Teile bestens einbringen?

Natürlich stellt das Einführen einer Figur wie Mahni ein gewisses Risiko für die GF dar. Da stehen Fragen im Raum

wie: Wird das akzeptiert oder als Firlefanz angesehen und führt es zum Gegenteil? Was kann ich meiner Belegschaft zutrauen? Und so weiter. Auch wenn sich die Geschäftsführung zur Weiterführung von Mahni noch nicht geäußert hat, hat Herr Polle auf jeden Fall schon eingeräumt, dass sich das Risiko, Mahni den UMBaumeister zu etablieren, gelohnt hat.

Kommentar aus Kundensicht

Heinrich Polle, Geschäftsführer der UMB, und Hans-Jörg Tatzel, verantwortlicher Personalentwickler seitens der R+V

Die Mitarbeiter der UMB standen Anfang 2008 vor großen Veränderungen. Sie mussten sich in einem neuen Unternehmen zurechtfinden. Der Umzug in neue Räumlichkeiten und der Aufbau einer neuen IT waren zu bewältigen. Die UMB soll als das Kompetenzcenter für Forderungsmanagement in der R+V-Gruppe aufgebaut werden. Wichtigste Grundlagen hierfür sind innovative und engagierte Mitarbeiter. Mit der Unterstützung von next level consulting und den SemiNarren ist es uns gelungen, die Vielzahl der Themen zu strukturieren und in einer zeitlich sinnvollen Reihenfolge zu bearbeiten. Hierbei war insbesondere die Change-Architektur hilfreich. Die Figur Mahni ist ein wichtiger Baustein in der Reflexion zur neuen Gesellschaft und der Schaffung von Identifikation mit ihr. Die aktuelle Herausforderung ist der Aufbau einer Forderungsmanagementkultur, also das Verbinden fachlicher Weiterentwicklung mit der persönlichen Ausrichtung jedes Einzelnen auf die Ziele der UMB. Dabei soll der weitere Einsatz von Mahni anlassbezogen geprüft und entsprechend umgesetzt werden, um die positiven Effekte auch zukünftig nutzen zu können.

Kapitel 5

VA Tech Hydro
von Bernhard Weidinger

Fallbeispiel 5

Kapitel 5

Wasserkraftwerk, von VA Tech Hydro errichtet
Karun-3-Kraftwerk, Iran

VA Tech Hydro/Large Hydro Projektmanager-Ausbildungsreihe

Ausgangssituation

Die VA Tech Hydro führt im Bereich Large Hydro große, komplexe und riskante Anlagenbauprojekte durch. Das Unternehmen agiert weltweit und ist durch eine Reihe von Übernahmen und Fusionen zur derzeitigen Struktur gewachsen. Wesentlicher Meilenstein dabei war der Zusammenschluss von Sulzer Hydro, Escher Wyss, MCE und ELIN im Jahre 2000. Seit dem Jahr 2006 ist die VA Tech Hydro im Besitz der Andritz AG. Die VA Tech Hydro ist neben Alstom Power und Voith Siemens Hydro Power Generation ein international führender Lieferant von hydraulischen Maschinen und elektrischer Ausrüstung für die Energieerzeugung und in folgende Bereiche unterteilt:

» Large Hydro
» Hydro Service
» Compact Hydro
» Pumps
» Generator Turbo

Der Bereich Large Hydro liefert schlüsselfertige Großanlagen, Turbinen und Generatoren in allen Größen und Typen, Absperrorgane, Druckrohre, Verschlussorgane (Drosselklappen, Kugelschieber), Wehranlagen, Automatisierung (Steuerung, Schutz, Erregung, Turbinenregler) und Hydromatrix-Anlagen. 2007 wurde mit ca. 4390 Mitarbeitern ein Gesamtumsatz von rund 910 Millionen Euro erwirtschaftet.

Für die Abwicklung von Kundenaufträgen ist Projektmanagement von zentraler Bedeutung für die VA Tech Hydro, da der überwiegende Teil des Geschäftes in Projektform durchgeführt wird. Durch die Unternehmensgeschichte waren unterschiedliche Prozesse und Methoden zum Projektmanagement an den verschiedenen Standorten im Einsatz. Weiters waren der Ausbildungsstand, die Erfahrungen in Projekten und das Rollenverständnis der Projektleiter sehr unterschiedlich. In einem ersten Optimierungsschritt wurden die Prozesse und Vorgehensweisen des Projektmanagements vereinheitlicht. Im Rahmen der weiteren Optimierung des Projektmanagement-Systems wurden ab 2002 laufend verschiedene Schwerpunktthemen angegangen (Risk- und Claimmanagement, Krisenemanagement, Laufbahnmodell für Projektleiter etc.). Im Zuge dieser Arbeiten wurde ein Ausbildungsbedarf für einige Zielgruppen der VA Tech Hydro festgestellt: Es sollten einige Mitarbeiter eine PM-Auffrischung erhalten, eine relativ große Zielgruppe hatte noch keine Schulung in den Prozessen des Projektmanagements.

Zielsetzung der Intervention

Um einen einheitlichen Zugang in der Projektabwicklung zu ermöglichen, sollte relativ rasch (innerhalb eines Jahres) eine große Anzahl (rund 130 Personen) von Projektleitern und Projektmitarbeitern aller wichtigen Standorte eine Schulung erhalten. Der erste Teil der Schulung sollte alle wesentlichen Methoden der Projektplanung und -steuerung sowie der Projektorganisation beinhalten. Im zweiten Schulungsteil sollten die Prozesse des Projektmanagements trainiert werden. Zur Maximierung der Praxisrelevanz und zur Erhöhung der Akzeptanz bei den Trainingsteilnehmern wurden folgende Merkmale in den Trainingsplan integriert:

» Training on the project: Die Teilnehmer arbeiten während des Trainings an konkreten, eigenen Projekten anstatt an allgemeinen Fallstudien
» Einsatz eines erfahrenen externen Trainers mit umfangreicher Praxis im internationalen Anlagenbau
» Einsatz eines weiteren internen Trainers, der für das Projektmanagement-System der VA Tech Hydro verantwortlich ist

Kapitel 5

- » Adaptierung der Trainingsinhalte und -unterlagen auf die Spezifika des Projektmanagement-Systems der VA Tech Hydro
- » Durchführung erfolgt unternehmensextern in einem Seminarhotel
- » Förderung des Erfahrungsaustausches durch Kamingespräche und informelle Diskussion an den Abenden

Im Rahmen einer Reflexionsrunde mit dem Auftraggeber im Herbst 2006 wurde festgestellt, dass die gesetzten Maßnahmen eine hohe Fokussierung auf professionelle Projektabwicklung brachten. Gleichzeitig wurde aber beobachtet, dass gerade besonders erfolgreiche Projektleiter oft auf ihre Erfahrung und ihr „Gespür" zurückgreifen mussten, um schwierige Situationen in Projekten zu bewältigen. Durch die hohe Konzentration auf formale Prozesse und Methoden gab es aber ein „schlechtes Gefühl" mit allem, was intuitiv, emotional und damit nicht direkt rational begründbar im Projektmanagement gemacht wurde.

Um dieses Phänomen einzufangen, wurde ein drittes Schulungsmodul definiert, das im Gegensatz zu den ersten beiden Modulen die Intuition und Improvisation für Projektleiter als zentrales Thema haben sollte.

Interventionsdesign

Die Ausarbeitung der Designs erfolgte in enger Abstimmung zwischen den Trainern und Vertretern der VA Tech Hydro. Nach jedem Trainingsmodul erfolgte ein Feedback durch die Teilnehmer, die Erstellung eines Beobachtungspapiers durch den Trainer, eine Reflexion zwischen Auftraggebern und Trainer sowie eine Optimierung des jeweiligen Designs für die nächste Durchführungsrunde.

Das konventionelle Interventionsdesign

Bei der Gestaltung der konventionellen Interventionsmodule konnte der Trainer auf umfangreiche Erfahrungen und Unterlagen der next level consulting zurückgreifen. Sowohl inhaltlich als auch abwicklungstechnisch waren einige Adaptierungen notwendig. So wurde das Trainingsdesign des ersten und zweiten Moduls von jeweils 2 plus 2 Tagen auf jeweils 3 Tage reduziert. Dies war notwendig, um den Reiseaufwand der Teilnehmer, die von verschiedenen Standorten anreisten, zu minimieren. Dafür wurde vereinbart, an den einzelnen Tagen des Trainings längere Arbeitseinheiten bis in die Abendstunden hineinzuziehen.

Weiters wurden sämtliche Trainingsunterlagen um die Spezifika des VA Tech Hydro Projektmanagement-Systems ergänzt und eine intensive Abstimmung mit dem internen Projektmanagement-Experten der VA Tech Hydro vorgenommen. Ein Detail war auch die Bezeichnung der einzelnen Module, vor allem von Modul 1: Inhaltlich handelte es sich um ein Grundlagentraining. Da aber alle Teilnehmer bereits über mehrjährige Erfahrungen im Projektmanagement verfügten, bestand die Sorge, dass der Titel „Grundlagen des Projektmanagements" einige von einer Teilnahme abgehalten hätte. Um dies zu vermeiden, wurde das erste Modul „PM-Fresh-up" getauft, was sich hervorragend bewährt hat.

Modul 1: Projektmanagement-Fresh-up

Ziele
- » Auffrischung vorhandenen PM-Wissens bei den Teilnehmern
- » Praxisorientierte Arbeit an eigenen Projekten der Teilnehmer
- » Einbringen der VA Tech Hydro/Large Hydro-Spezifika durch einen internen Experten
- » Reflexion und Diskussion der eigenen Erfahrungen

Inhalte

Organisation von Projekten
- » Projektbegriff, Projektarten, Projektorientierung, Projektmanagement-Ansatz
- » Methoden der Projektabgrenzung und der Projektkontextanalyse
- » Rollen im Projekt, Anforderungen an Projektleiter und Projektteammitglieder
- » Grundformen der Projektorganisation
- » Projektkultur

Methoden der Projektplanung und Projektsteuerung
- » Leistungsplanung mittels Projektstrukturplan
- » Terminplanung (Meilensteinplan, Balkenplan etc.)
- » Methoden der Ressourcenplanung und Kostenplanung
- » Formen der Projektdokumentation
- » EDV-Einsatz in Projekten

Praxisbeispiele aus verschiedensten Unternehmen und Projekten

Zielgruppe
- » Mitarbeiterinnen und Mitarbeiter, die Projekte leiten oder in Projekten mitarbeiten, die entweder noch keine PM-Ausbildung erhalten haben oder deren PM-Ausbildung mehr als 4 Jahre zurückliegt

Arbeitsformen
- » Kurzinputs
- » Beispiele aus verschiedensten Unternehmen und Projekten
- » Arbeit an konkreten Projekten der Teilnehmer (Training on the project)
- » VA Tech Hydro-spezifische Ergänzungsinputs durch einen internen Experten
- » Reflexion, Diskussion, Irritation

Trainingsaufwand
- » 3 Tage

Kapitel 5

Die Teilnehmer kamen sehr aufgeschlossen und voller Erwartungen zu dem Seminar. Der genaue Inhalt war ihnen anfangs nicht klar. Der theoretische Teil mit der Verlinkung Projektarbeit, strukturiertes Arbeiten versus freie Improvisation wurde gut verstanden. Dennoch blieben vereinzelt Zweifel, ob die Methode anwendbar sein wird.

Modul 2: Prozesse des Projektmanagements

Ziele
» Aufbau auf die Grundlagen des Projektmanagements bzw. das PM-Fresh-up (Modul 1)
» Bearbeitung der zentralen PM-Prozesse – Projektstart, Projektcontrolling und Projektabschluss – und vertiefend die Anwendung der PM-Tools während dieser Teilprozesse
» Einbringen der VA Tech Hydro/Large Hydro-Spezifika durch einen internen Experten
» Wiederum haben die Teilnehmer die Gelegenheit, das Gelernte sofort an ihren eigenen Projekten anzuwenden

Inhalte
» Kennenlernen der Bedeutung des Projektstart- und Projektabschlussprozesses sowie des Projektcontrollingprozesses
» Kennenlernen der Methoden zur Planung und Durchführung des Projektstart- und Projektabschlussprozesses
» Kennen- und Könnenlernen grundlegender Methoden zum Projektcontrolling
» Anwendung der Methoden an Fallstudien konkreter Projekte
» VA Tech-spezifische Ausprägungen der einzelnen PM-Prozesse

Zielgruppe
» Mitarbeiterinnen und Mitarbeiter, die entweder in den letzten 4 Jahren eine PM-Grundlagenausbildung absolviert haben oder ab 2003 das PM-Fresh-up besucht haben

Arbeitsformen
» Kurzinputs
» Beispiele aus verschiedensten Unternehmen und Projekten
» Arbeit an konkreten Projekten der Teilnehmer (Training on the project)
» VA Tech Hydro-spezifische Ergänzungsinputs durch einen internen Experten
» Reflexion, Diskussion, Irritation

Trainingsaufwand
» 3 Tage

Der Trainer für Modul 1 & 2

DI Alexander Kogler
regionaler Partner next level consulting Salzburg

Tätigkeitsfelder in der next level consulting
Projektmanagement-Trainings, Coaching von Projekten und Programmen, Führungskräfte-Workshops zum projektorientierten Unternehmen, Personal- und Organisationsentwicklungsmaßnahmen zum Einzel- und Projektportfoliomanagement, Gestaltung von Aufbau- und Ablauforganisationen, Entwicklung von PM-Richtlinien und Projektstandards, Spezialtrainings für Vertrags- und Claimmanagement, Projektmanagement im internationalen Anlagenbau, PM-Karrieresysteme
Sprachen: Deutsch, Englisch (Native-Speaker-Niveau)
Zertifizierter Project Management Professional (PMP®) nach PMI

Studium an der Montanuniversität Leoben. Langjährige Erfahrung im Projektgeschäft des Maschinen- und Anlagenbaus

Brasilien, Südafrika, Thailand, Südkorea, Kroatien, Italien, Spanien, Schweiz

Projekterfahrungen
Projektleiter von internationalen Projekten (Auswahl von Projekten)
» Projekt Saldanha Steel, Südafrika
» Projekt CSN Blast Furnace No. 3 Modernisation, Brasilien
» Projekt CST LD Gas Recovery System, Brasilien
» Projekt CSN Sinterplant, Brasilien
» Projektleiter bei der Organisation der „First international Reduction Technology Conference" in Ouro Preto, Brasilien
» Projekt Benchmarking Projektmanagement

Beratungs- und Coachingerfahrungen
» Beispiele für Projektcoachings (Auszug): Neubau Fußballstadion Borussia Mönchengladbach, PSA GMP und Delphi-Project (Automotive), CLEAN und ATFI (Flugzeugturbinenentwicklung), i2b (Energiesektor), Neubau Produktionsanlage Desselgem (Baustoffindustrie), DUO AST (Pharma)
» Beratung zum Vertrags- und Claimmanagement sowie zur Vertragsgestaltung

Übungsteil Alexander-Technik: Die Übungen wurden begeistert aufgenommen und umgesetzt, auch wenn hie und da deutliche Hemmnisse überwunden werden mussten. Der Spaß an der Sache hat den Seminarfortgang sehr erleichtert. Eine Ent-Spannung war am ersten Abend deutlich wahrnehmbar und wurde so auch im Feedback bestätigt.

Kommentar des Trainers

Alexander Kogler/Module 1 & 2

Ausgangssituation

Die übergeordneten Zielsetzungen der PM Refresher waren einerseits, bei den Projektleitern ein stärkeres Bewusstsein für einen professionellen PM-Ansatz und andererseits die Basis für eine gemeinsame Sprache im PM, also einen einheitlichen PM-Ansatz, zu schaffen. In den PM Refreshern wurden fast ausschließlich erfahrene Top-Projektleiter geschult.

Beobachtungen und Erkenntnisse: Veränderungen von frühen zu späteren Trainingsrunden

Die ersten Teilnehmerrunden standen den PM-Trainings teilweise kritisch gegenüber, da sie in der Vergangenheit schon mehrmals mit Trainings im Projektmanagement konfrontiert worden waren und daher der Mehrwert einer neuerlichen Schulung für die Teilnehmer nicht unmittelbar zu erkennen war.

Die Akzeptanz für die vermittelten Inhalte stieg von Runde zu Runde. Entscheidend dafür war, den Teilnehmern die oben genannten übergeordneten Ziele von Beginn an offen zu kommunizieren.

Darüber hinaus war spürbar, dass die Inhalte der Refresher-Seminare von den Teilnehmern der jeweils vorgegangenen Runden in das Unternehmen getragen wurden und damit größeres Interesse und eine höhere Akzeptanz bei den nachfolgenden Runden geschaffen wurde.

Inhaltliche Schwerpunkte

Inhaltlich wurde vor allem in den ersten Runden das Thema der Projektstrukturierung (Objekt- vs. Prozessorientierung) kontrovers diskutiert. Wie fast überall im Industrieanlagenbau wird stark objektorientiert gedacht, die Prozessorientierung wird nur implizit dargestellt, was aus Sicht des Trainers oft zu Schwierigkeiten bei der Ermittlung des Leistungsfortschritts im Projekt führt.

Die Kontroverse über die Art der Projektstrukturierung nahm von Runde zu Runde ab. Als Trainer konnte man spüren, dass die Teilnehmer der ersten Runden das Thema in die Organisation trugen, oft auch die eigenen, ursprünglichen Standpunkte überdachten und ihre Erfahrungen und Erkenntnisse in die Organisation einfließen ließen.

Parallel gewannen in den späteren Runden andere PM-Themen an Wichtigkeit: Leistungsfortschrittsmessung in komplexen Projekten, Krisenmanagement, Implementierung eines professionellen PM-Ansatzes über die europäischen Standorte hinaus kristallisierten sich als Schwächen im PM der Organisation heraus.

Nach Abschluss der PM Refresher wurden diese Themen sehr zielgerichtet in Spezialseminaren und -Workshops aufgearbeitet.

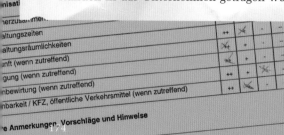

Das analoge Interventionsdesign

Das Konzept „Improvisation für Projektleiter" entstand durch eine Zusammenarbeit zwischen next level consulting und den SemiNarren in einem Strategieworkshop für einen anderen Kunden. Als Grundüberlegung wurde festgestellt, dass Projektmanager normalerweise ihr gesamtes Berufsleben darauf trainiert werden, Prozesse zu gestalten und zu leben, Methoden und Strukturen für ihre Projekte einzusetzen und vieles mehr. Ähnlich einem Schauspieler sollte ein Projektmanager aber neben seinem klassischen, angelernten Methodenkoffer auch noch die Improvisation beherrschen. Diese setzt gänzlich andere Eigenschaften und Fähigkeiten voraus als das strukturierte, konventionelle Arbeiten in Projekten. Um diese Skills zu entwickeln und um das Vertrauen der Projektleiter in ihre Fähigkeiten zu stärken, sollte ein drittes Trainingsmodul zum Thema Improvisation für Projektleiter konzipiert und für eine konkret definierte Zielgruppe durchgeführt werden. Als Trainer für dieses Modul kam ein gelernter Schauspieler zum Einsatz, der neben seiner Tätigkeit als Seminarkabarettist auch als Führungskräftetrainer und als Coach aktiv ist.

In der Vorbereitung des dritten Moduls gab es ausführliche Abstimmungsgespräche zwischen den beiden Trainern sowie mit dem Accounter der next level consulting und dem Auftraggeber auf Seiten der VA Tech Hydro. Ziel dieser Abstimmungen war es, das Trainingsdesign und die Trainingsinhalte möglichst exakt an die Situation der Teilnehmergruppe anzupassen.

Seminar-Design ImProjekt – Improvisation als PM-Tool VA TECH HYDRO

1,5 Tage – Uwe Sachs

Zeit	Aktivität	Wer	Unterlagen	Kommentar
13:00–13:15	» Begrüßung, Vorstellung Trainer und SemiNarren » Agenda/Spielregeln	Trainer		
13:15–13:30	Indiaca	Trainer/TN		Warm-up » Erstes Miteinander spielen » Solo- und Gruppenleistung
13:30–14:15	Einführung: Warum Improvisation? » Betrachtung: Was ist der Projektleiter? Was kann der Projektleiter? » Emotionale Kompetenz versus Ratio » Definition Improvisation/Kreativität	Trainer/TN	Flip-Chart, Handout	Input » Interaktiv mit den Teilnehmern erarbeiten und Ergebnisse abgleichen
14:30–15:15	Alexander-Technik » Übungsteil zur Sensibilisierung von Körper und Wahrnehmung	Trainer/TN	Handout	

Zeit	Aktivität	Wer	Unterlagen	Kommentar
15:15–15:30	Kaffeepause	Trainer/TN		Regeneration
15:30–15:45	Regeln der Improvisation » Grundlagen für erfolgreiches und risikobewusstes Improvisieren	Trainer	Flip-Chart, Handout	Input » Interaktiv mit den Teilnehmern – Bezug zur Projektarbeit
15:45–17:00	Einstieg Improvisation » Ding-Ding » Drei-Wort-Geschichte	Trainer/TN		Übungsteil
17:00–17:15	Der einfache Erzähl-Plot	Trainer	Flip-Chart, Handout	Input
17:15–18:00	Fortsetzung Improvisation » Fortlaufende Geschichte	Trainer/TN		Übungsteil
18:00–18:15	Abschlussreflexion erster Tag	Trainer/TN		Abschluss erster Tag
08:30–08:45	Einstieg: Indiaca	Trainer/TN	Indiaca	Warm-up
08:45–09:15	Flashlight » Was ist offen? » Anmerkung zur bisherigen Arbeit?	Trainer/TN	Flip-Chart	Reflexion
09:15–10:00	Rollendefinition Status	Trainer	Flip-Chart, Handout	Interaktiv mit Teilnehmern mit Bezug zur Projektarbeit
10:00–10:15	Kaffeepause			
10:15–11:15	Armrede » Improvisierter Vortrag mit 2 Personen » Umsetzung v. Rollendefinition und Status	Trainer/TN		Übungsteil
11:15–12:30	„Dream Team" – Kreativität im Team » Regeln für (kreative) Teamarbeit	Trainer/TN	Flip-Chart, Handout	Input, Diskussion interaktiv mit den Teilnehmern
12:30–13:30	Mittagspause			
14:00–14:20	Aufgabenstellung: Kreatives Projekt „Energieversorgung der Zukunft"	Trainer/TN	Flip-Chart, Handout	Input
14:20–15:10	1. Teil: Entwicklung Energieform der Zukunft für Zielgruppe	TN	Flip-Chart	Kleingruppenarbeit
15:10–15:25	Kaffeepause			
15:25–16:00	2. Teil: Entw. Werbespot/Storyboard/Szene	TN	Flip-Chart	Kleingruppenarbeit
16:00–16:30	Präsentation der Ergebnisse	Trainer/TN	Video/Foto	
16:30–17:00	Abschlussreflexion: » Beurteilung der Ergebnisse » 10 goldene Regeln für die Projektarbeit » Feedbackrunde	Trainer/TN	Flip-Chart	
17:00	Ende			

Der Trainer für Modul 3

Uwe Sachs
Managing Partner „die SemiNarren"

Ausbildung
Kaufmann für Bürokommunikation, Diplom-Schauspieler an der Hochschule für Musik und Theater FMB Leipzig, Coachingausbildung (Contrain College)

Tätigkeitsbereiche
Managing Partner. Konzeption und Realisation analoger Interventionen, Trainer und Personal Coach

Künstlerische Schwerpunkte
Schauspiel und Dramaturgie. Improvisation, Kreativität und Teamentwicklung

Motto
„Es gibt nichts Gutes, außer man tut es."

Uwe Sachs,
Managing Partner
„die SemiNarren"

Kommentar des Trainers

Uwe Sachs/Modul 3

Ausgangssituation
Die Teilnehmer kamen sehr aufgeschlossen und voller Erwartungen zu dem Seminar. Es war zu Beginn eine gewisse Nervosität spürbar, denn dieses Modul war für die Projektleiter ungewohntes Terrain. Um den Teilnehmern den Einstieg zu erleichtern und sie mental einzustimmen, wurde zunächst ein Theorieteil vorangestellt. Erwartungsgemäß wurde die Verlinkung Projektarbeit, strukturiertes Arbeiten versus freie Improvisation zwar gut verstanden, dennoch gab es vereinzelt Zweifel bzw. Vorbehalte, ob die Methode anwendbar sein wird. Das erste spielerische Element Indiaca hat insgesamt sehr aufgelockert und Bewegung in die Gruppe gebracht.

Übungsteil Alexander-Technik
Die Übungen wurden begeistert aufgenommen und umgesetzt, auch wenn hie und da deutliche Hemmnisse überwunden werden mussten. Die Auseinandersetzung mit dem eigenen Körper war nicht für jeden selbstverständlich. Doch hat der Spaß an der Sache den Seminarfortgang sehr erleichtert. Erste Transfers wurden selbständig geleistet, und eine Ent-Spannung war am Abend des ersten Tages deutlich wahrnehmbar und wurde im Feedback bestätigt.

Einstieg in die Improvisation
Der Theorieteil wurde auch hier problemlos aufgenommen. Das improvisierte Spiel fiel den Teilnehmern zunehmend leichter, auch hier war das Spaß-Moment hilfreich und auflockernd. Das Prinzip „Scheitern" im Sinne von Fehlerakzeptanz und -toleranz wurde von den Teilnehmern positiv angenommen. Die Bezüge zur Projektarbeit stellten sich mehr und mehr ein. Die Lust am Ausprobieren und Grenzüberwinden steigerte sich deutlich. Glaubenssätze wie „Ich bin nicht kreativ" oder „Das würde ich mich nie trauen" wurden aktiv durch die Teilnehmer selbst widerlegt. Die Abschlussarbeit „Kreatives Projekt – Energieversorgung der Zukunft" wurde mit viel Spaß, Engagement und Einsatz erledigt. Die gestalterische Lust und Organisation ging so weit, dass die Teilnehmer zur Präsentation der erarbeiteten Ergebnisse eigeninitiativ den Raum umgestaltet haben.

Abschluss
Das Feedback der Teilnehmer fiel sehr positiv aus. Es wurde mehrfach honoriert, dass man ihnen ein solches Seminar ermöglicht hat. Die energetische Gruppendynamik und positive Atmosphäre beflügelte zu außergewöhnlichen Leistungen. Rückblickend waren sie von sich selbst überrascht, welche Fähigkeiten und Ressourcen es zu entdecken gibt und wie weit sie persönlich gekommen sind. Sie haben den Freiraum und das spielerische Gestalten sehr genossen. Auf den Feedbackbögen, die auch im Flip-Chart-Protokoll zu sehen sind, sind nutzbringende Punkte für die eigene Arbeit gesammelt. Es gab vereinzelt kritische Stimmen, ob all das in der Arbeit umsetzbar ist bzw. wie sich das bisher gelernte strukturierte Denken, Analysieren mit der Improvisation verbinden soll.

Empfehlung
Die Teilnehmer sollten ermutigt und unterstützt werden, ihre kreativen Freiräume zu nutzen. Nur eine positive Erfahrung in der Arbeit wird das Gelernte gewinnbringend blühen lassen. Fehler dienen dazu, sich weiterzuentwickeln und zu lernen. Ein Paradigma der Improvisation: Fröhlich zu scheitern!

Ergebnis

Zwischen 2003 und 2009 wurden insgesamt 17 Runden des Moduls 1, zwölf Runden des Moduls 2 und drei Runden des Moduls 3 durchgeführt. Durch den großen Erfolg bei den ersten Trainingsdurchgängen in Europa wurde das Schulungskonzept unter anderem auch in Brasilien, Kanada und China implementiert. Insgesamt nahmen mehr als 170 Projektleiter und Projektmitarbeiter an diesen Schulungsmaßnahmen teil, deutlich mehr als ursprünglich geplant. Das Feedback der Teilnehmer zu den einzelnen Modulen war durchwegs gut bis sehr gut. Durch die homogene und in sich schlüssige Konzeption der Trainingsmodule konnte ein wesentlicher Beitrag zur Schaffung eines einheitlichen Methoden- und Prozessverständnisses zum Projektmanagement bei der VA Tech Hydro geschaffen werden.

Kapitel 6

Anhang

Abschluss Worte und Literatur Liste

Abschlussworte

In Köln gibt es ein Sprichwort: „Nix bliev, wie et is" – nichts bleibt, wie es ist. Wie wahr das ist, erleben wir daran, dass wir täglich altern und uns dabei unmerklich oder merklich verändern – äußerlich und innerlich. Mancher mag das bedauern, ein anderer dies als positiv erleben. Fest steht, es geschieht, ob wir wollen oder nicht – ob es uns gefällt oder nicht. Wandel ist unser steter Begleiter. Auch wir Autoren haben bei der Arbeit an diesem Buch eine Veränderung erfahren – wir haben Ein- und Ansichten geprüft, uns ausgetauscht, lebhafte und kritische Diskurse geführt, Erkenntnisse festgehalten und wieder verworfen und letztlich zu einer Entscheidung gefunden, was nun mit diesem Buch als Ergebnis vorliegt. Genau genommen kann es nur ein Zwischenergebnis sein, denn es wird noch viel geschehen, weitere Gedanken und Eindrücke werden das Resultat beeinflussen. Veränderungsprozesse sind eine spannende, herausfordernde Aufgabe, die schon deshalb so interessant ist, weil die Ergebnisse eben nicht vorhersehbar, bis ins Detail planbar sind – Überraschungen und plötzliche Wendungen sind jederzeit möglich. Sie fordern unsere ganze Konzentration, unsere Aufmerksamkeit und unser Engagement. Dass dies nicht immer ein Spaziergang ist, liegt auf der Hand. Das Besteigen eines Berges ist angesichts der sich auftürmenden Felsformationen eine große Herausforderung, der erste Schritt ein Anfang, ist der Gipfel in Sicht, mobilisieren wir ungeahnte Kräfte für die letzten Meter. Das Glücksgefühl ist der Lohn am Gipfelkreuz. Der Mensch hat die höchsten Berge der Welt bezwungen – was kann uns also abschrecken, neue Wege zu beschreiten? Nicht nur in Zeiten der Krise brauchen wir spontane, flexible Anpassungen, der Komplexität und gleichzeitigen Dynamik der fortschreitenden technischen und gesellschaftlichen Entwicklung können wir letztlich nur durch neue Strategien, Strukturen und kulturelle Entwicklungen adäquat begegnen. Dabei ist es unerlässlich, eben noch geltende „Wahrheiten" auf ihre Stimmigkeit zu prüfen, bisherige Lösungen über Bord zu werfen, neuen Wegen Raum zu schaffen. Diese Reflexion des gesamten Systems, der eigenen Person und der subjektiven Wahrnehmung und Empfindung ist die eigentliche Aufgabe. Entscheidend für die erfolgreiche Gestaltung von Veränderungsprozessen ist die Integration der Beteiligten, das Wahrnehmen unterschiedlicher Sichtweisen und die Anerkennung und Bearbeitung emotionaler Aspekte. Dies ist – und das sei nicht verschwiegen – mit einem mitunter erheblichen Aufwand verbunden. Akzeptanz lässt sich nicht erzwingen, Akzeptanz ist Lohn und qualitativer Gradmesser der erfolgreichen Auseinandersetzung mit den Bedürfnissen und Perspektiven der anderen. Das in die Unternehmenskultur zu integrieren ist die Aufgabe der Zukunft. Denn jene Unternehmen und Organisationen, die mit Veränderungen erfolgreich umgehen, werden künftig führend sein, nicht unbedingt jene, die sich über ihre Größe oder ihren materiellen Wert definieren.

Ende . . .

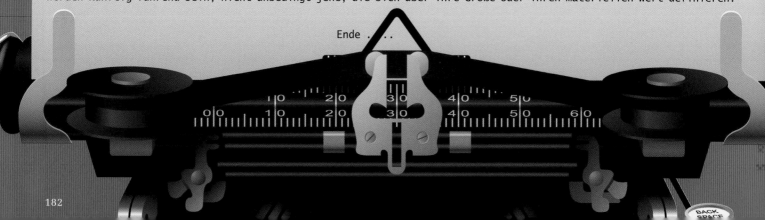

ma Ujung Deireadh End
結 エンド, うちどめ, うちだし
ran′ny Berakhir S′jerree Sl
rmina Enday Koniec Fim Fi
о н е ц Ceann Završiti Ma
ba Mwisho Ände Bokhutlo
с м е р т ь Tranc njeex
npela ts′oksik -qeda kstre
de άκρο Ko'êmba Mërri
Auf Wiedersehen!

Literaturliste

Peter Atteslander
Methoden der empirischen Solzialforschung — Walter de Gruyter

Gregory Bateson
Ökologie des Geistes — Suhrkamp

Margot Berghaus
Luhmann leicht gemacht. Eine Einführung in die Systemtheorie — UTB

Helga Brüggemann, Kristina Ehret-Ivankovic, Christopher Klütmann
Systemische Beratung in fünf Gängen: Ein Leitfaden — Vandenhoeck & Ruprecht

Gerd Gigerenzer, Hainer Kober
Bauchentscheidungen. Die Intelligenz des Unbewussten und die Macht der Intuition — Bertelsmann

Heinz von Foerster, Ernst von Glasersfeld
Wie wir uns erfinden — Carl-Auer-Systeme

Heinz von Foerster, Bernhard Pörksen
Wahrheit ist die Erfindung eines Lügners. Gespräche für Skeptiker — Carl-Auer-Systeme

Heinz von Foerster, Ernst von Glasersfeld, Peter M. Hejl
Einführung in den Konstruktivismus — Piper

Ernst von Glasersfeld
Radikaler Konstruktivismus. Ideen, Ergebnisse, Probleme — Suhrkamp

Ernst von Glasersfeld
Wissen, Sprache und Wirklichkeit. Arbeiten zum radikalen Konstruktivismus — Vieweg

Daniel Goleman
Emotionale Intelligenz — dtv

Stephen W. Hawking
Eine kurze Geschichte der Zeit — Rowohlt

Stephen W. Hawking, Leonard Mlodinow
Die kürzeste Geschichte der Zeit — Rowohlt

Stephen W. Hawking, Markus Pössel
Das Universum in der Nußschale. Erweiterte Neuausgabe — Hoffmann und Campe

Keith Johnstone
Improvisation und Theater. Die Kunst, spontan und kreativ zu agieren — Alexander Verlag Berlin

Keith Johnstone
Theaterspiele Spontaneität, Improvisation und die Kunst des Geschichtenerzählens — Alexander Verlag Berlin

Helmut Kasper
Die Handhabung des Neuen in organisierten Sozialsystemen — Springer

Helmut Kasper
Organisationskultur — WU-Verlag

Roswita Königswieser, Alexander Exner
Systemische Intervention, Architekturen und Designs
für Berater und Veränderungsmanager — Schäffer-Poeschel

Niklas Luhmann, Dirk Baecker
Einführung in die Systemtheorie — Carl-Auer-Systeme

Niklas Luhmann
Soziale Systeme. Grundriß einer allgemeinen Theorie — Suhrkamp

Wolfram Lutterer
Gregory Bateson. Eine Einführung in sein Denken — Carl-Auer-Systeme

Humberto R. Maturana, Francisco J. Varela
Der Baum der Erkenntnis. Die biologischen Wurzeln des menschlichen Erkennens — Scherz

David Mamet
Kleines Ketzerbrevier samt Common sense für Schauspieler — Alexander Verlag Berlin

Richard David Precht
Wer bin ich und wenn ja, wie viele? Eine philosophische Reise — Goldmann

Lutz von Rosenstiel
Grundlagen der Organisationspsychologie. Basiswissen und Anwendungshinweise — Schäffer-Poeschel

Gerhard Roth
Das Gehirn und seine Wirklichkeit — Suhrkamp

Karl Sandner
Prozesse der Macht. Zur Entstehung, Stabilisierung und Veränderung
der Macht von Akteuren in Unternehmen — Physica-Verlag

Ingrid Scharlau
Jean Piaget zur Einführung — Junius Verlag

Friedemann Schulz von Thun
Miteinander REDEN 1, Störungen und Klärungen — rororo

Friedemann Schulz von Thun
Miteinander REDEN 2, Stile, Werte und Persönlichkeitsentwicklung — rororo

Friedemann Schulz von Thun
Miteinander REDEN 3, Das „innere Team" und Situationsgerechte Kommunikation — rororo

Lynn Segal
Das achtzehnte Kamel oder Die Welt als Erfindung. Zum Konstruktivismus Heinz von Foersters — Piper

Fritz B. Simon
Einführung in Systemtheorie und Konstruktivismus — Carl-Auer-Systeme

Fritz B. Simon
Einführung in die systemische Organisationstheorie — Carl-Auer-Systeme

Fritz B. Simon
Gemeinsam sind wir blöd!? Die Intelligenz von Unternehmen, Managern und Märkten — Carl-Auer-Systeme

Kapitel 6

Fritz B. Simon
Meine Psychose, mein Fahrrad und ich — Carl-Auer-Systeme

Fritz B. Simon
Zirkuläres Fragen. Systemische Therapie in Fallbeispielen: Ein Lernbuch — Carl-Auer-Systeme

Fritz B. Simon
Lebende Systeme. Wirklichkeitskonstruktionen in der systemischen Therapie — Suhrkamp

Stefan Titscher
Professionelle Beratung. Was beide Seiten vorher wissen sollten — Ueberreuter Wirtschaft

Gerald Traufetter
Intuition. Die Weisheit der Gefühle — Rowohlt

Hans Ulrich, Gilbert J. B. Probst:
Anleitung zum ganzheitlichen Denken und Handeln. Ein Brevier für Führungskräfte — Haupt

Paul Watzlawick
Vom Unsinn des Sinns oder vom Sinn des Unsinns — Piper

Paul Watzlawick
Wie wirklich ist die Wirklichkeit? Wahn, Täuschung, Verstehen — Piper

Paul Watzlawick, Janet H. Beavin, Don D. Jackson
Menschliche Kommunikation — Huber

Paul Watzlawick
Anleitung zum Unglücklichsein — Piper

Paul Watzlawick
Die erfundene Wirklichkeit. Wie wissen wir, was wir zu wissen glauben? — Piper

Paul Watzlawick
Vom Schlechten des Guten oder Hekates Lösungen — Piper

Paul Watzlawick
Wenn du mich wirklich liebtest, würdest du Knoblauch essen — Piper

Paul Watzlawick
Münchhausens Zopf oder Psychotherapie und „Wirklichkeit" — Piper

Paul Watzlawick, Peter Krieg
Das Auge des Betrachters. Beiträge zum Konstruktivismus — Piper

Helmut Willke
Systemtheorie. Grundlagen.
Eine Einführung in die Grundprobleme der Theorie sozialer Systeme — UTB

Fred Alan Wolf, John Hagelin, Amit Gowami, Stuart Hamerhoff, William Tiller
What the Bleep Do We Know? — DVD

Siegfried Ziegler
Lernen bei Gregory Bateson.
Die Veränderung sozialer Systeme durch organisationales Lernen — Vdm Verlag Dr. Müller

Notizen

Notizen

Notizen